MARCO POOLO

Reisen mit **Insider Tipps**

TIROL

Andreas Lexer
MARCO POLO Autor

Andreas Lexer ist Journalist und hat als Reporter oft aus den Krisengebieten dieser Welt berichtet. Geboren und aufgewachsen ist er in Tirol, und hierher kehrt er immer wieder zurück: um bei Wanderungen in die Berge den Blickwinkel zu verändern und seine Heimat stets aufs Neue zu erkunden. Mittlerweile lebt er in Wien und ist der Sprecher eines großen Sozialversicherungsträgers.

www.marcopolo.de/tirol

← **UMSCHLAG VORN: DIE WICHTIGSTEN HIGHLIGHTS**

Die besten Insider-Tipps → S. 4

Best of ... → S. 6

Innsbruck & Umgebung → S. 32

Unterland → S. 48

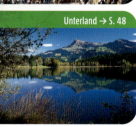

4 DIE BESTEN INSIDER-TIPPS

6 BEST OF ...
- TOLLE ORTE ZUM NULLTARIF S. 6
- TYPISCH TIROL S. 7
- SCHÖN, AUCH WENN ES REGNET S. 8
- ENTSPANNT ZURÜCKLEHNEN S. 9

10 AUFTAKT

16 IM TREND

18 STICHWORTE

24 ESSEN & TRINKEN

28 EINKAUFEN

30 DIE PERFEKTE ROUTE

---

32 INNSBRUCK & UMGEBUNG
INNSBRUCK, FULPMES & DAS STUBAITAL, HALL

48 UNTERLAND
KITZBÜHEL, KUFSTEIN, MAYRHOFEN & ZILLERTAL, SCHWAZ

62 OBERLAND
IMST, LANDECK & DAS OBERE GERICHT, OETZ & DAS ÖTZTAL, SEEFELD

SYMBOLE

INSIDER TIPP Insider-Tipp

★ Highlight

●●●● Best of ...

☼ Schöne Aussicht

☺ Grün & fair: für ökologische oder faire Aspekte

(*) kostenpflichtige Telefonnummer

PREISKATEGORIEN HOTELS

€€€ über 120 Euro

€€ 70–120 Euro

€ bis 70 Euro

Die Preise gelten für ein Doppelzimmer mit Frühstück

PREISKATEGORIEN RESTAURANTS

€€€ über 30 Euro

€€ 20–30 Euro

€ bis 20 Euro

Die Preise gelten für ein Essen mit Vor-, Haupt- und Nachspeise

---

Titelthemen: Spektakuläre Aussichtsplattformen bei Sölden S. 71 | Durchs autofreie Kaisertal S. 54

INHALT

OSTTIROL   76
LIENZ & DAS PUSTERTAL, MATREI IN OSTTIROL

AUSSERFERN   86
EHRWALD & DIE ZUGSPITZARENA, REUTTE & DAS LECHTAL

AUSFLÜGE & TOUREN   94
SPORT & AKTIVITÄTEN   100
MIT KINDERN UNTERWEGS   104
EVENTS, FESTE & MEHR   108
LINKS, BLOGS, APPS & MORE   110
PRAKTISCHE HINWEISE   112
REISEATLAS   118
REGISTER & IMPRESSUM   138
BLOSS NICHT!   140

Oberland → S. 62

Ausflüge & Touren → S. 94

Sport & Aktivitäten → S. 100

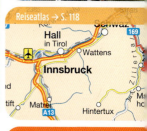
Reiseatlas → S. 118

GUT ZU WISSEN
Geschichtstabelle → S. 12
Spezialitäten → S. 26
Bücher & Filme → S. 60
Die Geierwally → S. 68
Via Claudia Augusta → S. 71
Wetter → S. 114
Was kostet wie viel? → S. 115

KARTEN IM BAND
(120 A1) Seitenzahlen und Koordinaten verweisen auf den Reiseatlas
(O) Ort/Adresse liegt außerhalb des Kartenausschnitts
(U A1) Koordinaten für die Karte von Innsbruck im hinteren Umschlag

FALTKARTE
(🗺 A–B 2–3) verweist auf die herausnehmbare Faltkarte

**UMSCHLAG HINTEN:
FALTKARTE ZUM HERAUSNEHMEN →**

(🗺 a–b 2–3) verweist auf die Zusatzkarte auf der Faltkarte

3

Die besten MARCO POLO Insider-Tipps

Von allen Insider-Tipps finden Sie hier die 15 besten

INSIDER TIPP **Berühmte Feder**
Mit seinen Arbeiten für „Die Zeit" wurde der Tiroler Zeichner und Karikaturist Paul Flora bekannt. In Schloss Anras im Pustertal sind seine Werke mit ihrer unverkennbaren Tuschefeder-Strichtechnik zu sehen → S. 82

INSIDER TIPP **Farbklecks**
Frische Farben überall, Essen mit Asia-Touch und relaxen in stylishem Ambiente: Das Hotel *Mountain & Soul* ist ein Muss (nicht nur) für junge Leute im Zillertal → S. 58

INSIDER TIPP **Afrika trifft Tirol**
Eine tolle Abwechslung zur traditionellen Kultur Tirols ist das *Haus der Völker* in Schwaz. Gezeigt werden Exponate zur Ritualkunst aus Afrika und Ostasien → S. 60

INSIDER TIPP **Haus zum Gruseln**
Noch mehr Rituale, diesmal heimische: Lassen Sie sich von den Fratzen im *Haus der Fasnacht* in Imst wohlige Angst einjagen → S. 62

INSIDER TIPP **Kulturelles Kleinod**
So haben Sie die Berge noch nie gesehen, wie auf den Landschaftsbildern im *Turmmuseum* in Oetz. Das versteckt liegende Haus ist eines der schönsten Museen des Landes → S. 71

INSIDER TIPP **Naturschönheit**
Die schönste Wanderung im ganzen Land führt an einer romantischen Felsenkapelle vorbei ins *Innergschlöß*, dem bezauberndsten Talschluss der Ostalpen → S. 82

INSIDER TIPP **Natur pur**
Was Krach macht, muss draußen bleiben: Im autofreien *Kaisertal* bleiben Sie vom Verkehrslärm völlig verschont. 285 Stufen führen ins stille Wanderparadies → S. 54

INSIDER TIPP **Bauernschmäh**
Ziegenmilcheis und jede Menge Geschichten vom Leben auf dem Bauernhof: Wenn der *Ziegenhof-Peter* erzählt, bleibt kein Auge trocken → S. 89

INSIDER TIPP Die Lama-Alm
Auf der *Hinterhornalm* gibt's Lamas zum Streicheln, leckeres Essen und dazu einen tollen Ausblick auf das Inntal (Foto li.) → S. 47

INSIDER TIPP Bergwasser
Ein Ruderboot leihen und sich über das glasklare Wasser treiben lassen: Der schönste Gebirgssee im Land, der *Vilsalpsee*, lädt auch zum Fisch schlemmen, Wandern und Schwimmen ein (Foto u.) → S. 93

INSIDER TIPP Hauben-Bauernhof
In einem der besten Tiroler Gasthöfe, dem Bergbauernhof *Gannerhof* in Innervillgraten, werden Sie mit Gourmetküche verwöhnt. Die Osttiroler Schmankerln umweht ein Hauch Mediterranes → S. 82

INSIDER TIPP Heimliches Versteck
Eines der schönsten Enden der Welt liegt tief im Ötztal, mitsamt Bergpanorama und Hängebrücke: Kein Ort ist weiter ab vom Schuss als die *Rofenhöfe* → S. 71

INSIDER TIPP Abenteuer Berg
In der *Erlebniswelt Serfaus* wird – zwischen Wasserrinnen und Erdrutschhügeln – aus jedem Kind auf dem Abenteuerweg ein kleiner Sherlock Holmes, ein mutiger Kämpfer in der Schlammschlacht oder ein kühner Staudammbauer → S. 106

INSIDER TIPP Tirol zum Kaufen
Ein Polo-Shirt mit dem Tiroler Wappen? Ein T-Shirt mit dem Schriftzug „Tiroler Madl"? Ein Rucksack im Retro-Look? Oder doch eher ein Heublumenbad für daheim? Im Tirol Shop gibt's jede Menge Produkte aus dem Land → S. 29

INSIDER TIPP Vegetarisch
Es muss nicht immer nur Tiroler Speck sein. Ein echtes Novum ist *chez nico* in Innsbruck. Mit dem ersten vegatarischen Restaurant der Stadt ist Nico Curtil in Tirol sein größtes Risiko eingegangen – das Experiment überzeugt in jeder Hinsicht → S. 40

BEST OF ...

TOLLE ORTE ZUM NULLTARIF
Neues entdecken und den Geldbeutel schonen

SPAREN

● *Schlossgarten statt Museum*
Mit 10 Euro kostet *Schloss Ambras* nicht wenig Eintritt. Aber Sie müssen
ja nicht unbedingt das Museum besuchen: Zwischen Wäldern, Fischteichen, Wildgehegen und dem künstlichen Wasserfall des kostenfreien
Schlossgartens wirkt die Renaissancefassade noch prachtvoller → S. 37

● *Die Erfindung der Nähmaschine*
Die Tiroler sind echte Tüftler. Zum Beispiel hat einer von ihnen 1814 die
Nähmaschine erfunden. Im gleichnamigen *Museum in Kufstein* erfah-
ren Sie alles über diesen Geistesblitz → S. 52

● *Große Kunst*
Albin Egger-Lienz gehört zu den bedeutendsten Künstlern Tirols, dessen Arbeiten sich normalerweise in Museen finden. Für alle frei zu-
gänglich ist sein großer Gemäldezyklus über den Krieg in der *Kriegergedächtniskapelle* in Lienz, wo der Osttiroler auch begraben liegt → S. 79

● *Gänsehaut am Wildwasser*
Erleben Sie die tosende Macht des Wassers. Während die anderen
tief eingeschnittenen Schluchten Tirols Eintritt kosten, ist die *Leutascher Geisterklamm* umsonst zu besichtigen – und dabei kein bisschen
weniger spektakulär, 43 m über dem brodelnden Fluss (Foto) → S. 75

● *Bequemer Rückweg für müde Wanderer*
Wandern im Lechtal, das sind wildromantische Touren am Fluss
und in einem der schönsten Naturparks von Tirol. Damit Sie
die Ausflüge genießen können und sich keine Gedanken
über den Rückweg machen müssen, pendelt ein *Gratis-
Wanderbus* durch das Tal → S. 92

● *Burgen, Schützen und ein toller Blick*
Hinter den Mauern der *Burg Thierberg*, die Sie gratis besuchen können, verbirgt sich nicht nur ein
spannendes Museum zur Geschichte der Thierber-
ger Schützen. Auf dem Dach des Bergfrieds wartet
vor allem ein Ausblick auf das Kaisergebirge und
das Inntal, der seinesgleichen sucht → S. 52

●●●● Diese Punkte zeichnen in den folgenden Kapiteln die Best-of-Hinweise aus

TYPISCH TIROL
Das erleben Sie nur hier

● *Ein Schiff auf dem Berg*
Eine Seefahrt, die ist – etwas ganz anderes, wenn sie auf über 2000 m Höhe stattfindet: Gehen Sie auf dem *Silvrettasee* an Bord des einzigen Motorschiffes, das in Europa in dieser Höhe unterwegs ist, und lassen Sie sich von der Tiroler Bergwelt berauschen → S. 68

● *Zerbrechliche Glaskunst*
Nicht nur, dass *Rattenberg* wahrscheinlich die veträumteste Stadt Tirols ist, hier können Sie auch den Glasbläsern bei ihrer Arbeit über die Schulter schauen. Und natürlich die traditionell hergestellten Kunstwerke für zu Hause kaufen → S. 59

● *Auf der Jagd mit Ötzi*
Wie war das Leben eigentlich so in der Jungsteinzeit? Im *Ötzi-Dorf*, benannt nach der berühmten Gletschermumie, erfahren Sie hautnah, wie die „ersten" Tiroler jagten, aßen, wohnten, fischten, kochten, arbeiteten ... → S. 70

● *Festung mit Musik*
Mehr als 800 Jahre ist sie alt, die *Festung Kufstein*. Schon die 26 000 m² große Anlage ist sehr eindrucksvoll, noch imposanter wirkt sie aber, wenn mittags die Heldenorgel, die größte Freiorgel der Welt mit 4300 Pfeifen, gespielt wird (Foto) → S. 52

● *Die wichtigste Haflinger-Zucht der Welt*
Wie Andreas Hofer hoch zu Ross: Schon der Volksheld ist auf einem der braunen Haflinger in die Schlacht geritten. Wenn Sie nicht selber reiten wollen, dann schauen Sie bei der Gestütsparade auf dem *Fohlenhof Ebbs* am Freitagabend zu → S. 55

● *Zeitreise in 800 m Tiefe*
Die Schatzkammer der Fugger liegt tief in der Erde. Fahren Sie hinab ins *Schwazer Silberbergwerk* und erleben Sie, wie gefährlich die Arbeit unter Tage früher war – beim simulierten Wassereinbruch → S. 60

● *Panorama mit Bergriesen*
Dem höchsten Berg Österreichs, dem 3798 m hohen Großglockner, kommen Sie auf dem *Europa-Panoramaweg* ganz nah. Er ist einer der rund 60 Dreitausender, den Sie auf der Wanderung sehen → S. 84

BEST OF ...

SCHÖN, AUCH WENN ES REGNET
Aktivitäten, die Laune machen

● *Heißes Eisen selber schmieden*
Einen Glücksbringer können Sie sich in der *Riepler Schmiede* selbst gießen, in echt mittelalterlicher Atmosphäre → S. 78

● *Reise durch die Tiroler Geschichte*
Während es draußen regnet, reisen Sie im modernen *Ferdinandeum* vom Keller bis in den 3. Stock durch die Geschichte des Landes Tirol → S. 39

● *Im Kopf des Riesen*
Schon der Zugang zu den *Swarovski Kristallwelten* ist märchenhaft: Durch den Mund eines grasgrünen Riesen betreten Sie die Traumwelt phantastischer Installationen (Foto) → S. 47

● *Hautnah das Mittelalter erleben*
Alchimisten mixen Zaubertränke, in der Pestkammer klappern Knochen und aus Ihnen wird mit Helm und Rüstung ein Krieger. *Dem Ritter auf der Spur* heißt es in den Burgenwelten Ehrenberg → S. 91

● *Sport unterm Dach*
Wenn tief hängende Wolken sportliche Betätigung in den Bergen unmöglich machen, steigen Sie um auf Indoor. Im *Sportpark Kitzbühel* können Sie Tennis spielen, klettern, eislaufen, curlen ... → S. 51

● *Keine Chance für Langeweile*
Erst baden oder saunieren, dann mit Harry Potter Quidditch spielen: Zur Wellnesslandschaft im *Sport- und Kongresszentrum Seefeld* gehört auch ein modernes Kino → S. 75

● *Alles Käse!*
In der *Erlebnissennerei Mayrhofen* erfahren Sie nicht nur, was Kuh und Käse genau verbindet. In der Sennereiküche gibt's nämlich Käsespezialitäten, im Ab-Hof-Verkauf Leckeres zum Mitnehmen → S. 55

REGEN

ENTSPANNT ZURÜCKLEHNEN
Durchatmen, genießen und verwöhnen lassen

● *Traditionelle Badekunst*
Entspannen und kuren wie in alten Zeiten: Lehnen Sie sich in einem der Holzbottiche des fast 250 Jahre alten *Aigner Badl* zurück und lassen Sie das Kalziumsulfat-Wasser seine wohltuende Wirkung tun → S. 80

● *Bergauf schnaufen mit der Zahnradbahn*
Nein, Sie dürfen in der *Achensee-Zahnradbahn* nicht während der Fahrt Blumen pflücken. Sie dürfen den urgemütlichen Trip mit dem dampfbetriebenen Schnauferl aber in vollen Zügen genießen → S. 58

● *Schokoladentorte zum Dahinschmelzen*
In dem gemütlichen Tirol-Ableger des berühmten *Café Sacher* aus Wien schmilzt Ihnen die gleichnamige Schokoladentorte, die nach einem geheimen Rezept hergestellt wird, auf der Zunge → S. 36

● *Auszeit auf der Alm*
Auf der Alm gibt es bekanntlich koa Sünd' – aber herrlich viel Ruhe und Bergbauernromantik. Zumindest auf der *Oberstaller Alm:* In einer der rustikalen, 300 Jahre alten Holzhütten können Sie die Welt außerhalb der Berge getrost vergessen → S. 82

● *Zimmer mit Aussicht*
Weit schweift der Blick vom *Hotel Oberhofer* über das ganze Stubaital. Nur 25 Gästezimmer, ein riesiger Garten, der Wellness-Vitalbereich und eine ausgezeichnete Küche – kurz: Tiefenentspannung! → S. 44

● *Wellness wie im alten Rom*
In der Saunalandschaft der *Wörgler Wasserwelten* geht es Ihnen gut wie den alten Römern, etwa im Circus Maximus, der wohl größten Saunakabine der Welt. Oder in warmer Sole aus dem Toten Meer. Oder … → S. 54

● *Innsbruck bei Nacht*
Phantastisch ist der Rundblick über das nächtliche Innsbruck im – nomen est omen – *360 Grad*. Zurücklehnen und in der eleganten Lounge beste Weine genießen (Foto) → S. 41

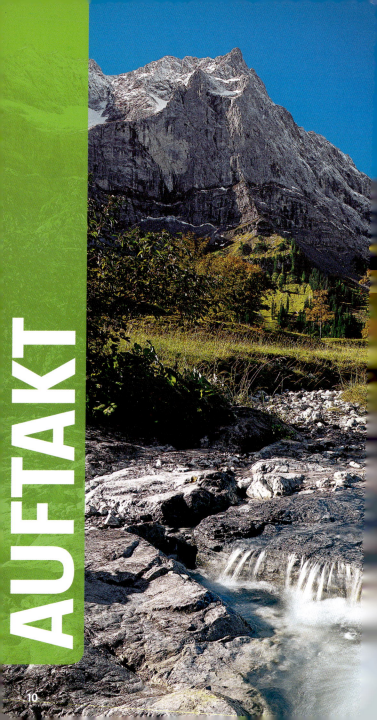

ENTDECKEN SIE TIROL!

Am Anfang steht – der Berg. Die Gipfel der Stubaier Alpen, die schroffen Wände der Dolomiten, das Karwendel, die Ötztaler Alpen, das Großglocknermassiv, das Kaisergebirge, die Lechtaler Alpen: Sie sind das erste, was Besucher wahrnehmen, schon von Weitem, noch bevor sie überhaupt in Tirol angekommen sind.
Die Berge sind es, die von Anfang an das Schicksal Tirols bestimmt haben, sie wurden zum größten Kapital des Landes und seiner Einwohner. Der Tiroler liebt seine Berge, es gibt kaum einen Einheimischen, der nicht stolz auf die Massive ist, die ihn umgeben. Im Sommer geht er wandern, im Winter Skifahren oder Snowboarden: Der Tiroler braucht das, er spricht oft von einem Wechsel der Perspektive, der sich dann einstellt, wenn er die Welt vom Gipfel aus betrachtet. Das ist wohl immer schon so gewesen. Zuerst waren es die Bodenschätze, die für Reichtum sorgten: Ab dem 13. Jh. wurde Salz im Halltal abgebaut, etwa zweieinhalb Jahrhunderte später dann Silber, etwa in Schwaz oder rund um Kitzbühel. Das Edelmetall wurde zu Münzen für ganz Europa verarbeitet. Als sich die Vorkommen jedoch erschöpften, muss-

Bild: Alpenpark Karwendel

Mit dem Mountainbike im Paznauntal: Radeln vor grandioser Kulisse

Schon 1850 kamen die ersten Touristen

te Tirol umsatteln. Und wieder waren es die Berge, die den Weg des Landes vorgaben: Schon um 1850 kamen die ersten Touristen ins Tiroler Unterland, nach Kitzbühel und ins Zillertal. In den letzten 160 Jahren haben Millionen Gäste das Land besucht. Ihre Wünsche haben Tirol gezwungen, sich ständig zu erneuern – allerdings nicht immer und überall so erfolgreich wie etwa in Innsbruck. Die Stadt setzt seit ein paar Jahren auf internationale Architekten, die sich um die Erneuerung kümmern: auf die britisch-irakische Visionärin Zaha Hadid, die die neue Sprungschanze und die Bahn auf die Hungerburg gestal-

ca. 3000 v. Chr.
Der als Ötzi bekannte Jäger aus der Steinzeit stirbt in den Ötztaler Alpen

15 v. Chr.
Die Römer erobern die Alpen und gründen Aguntum im heutigen Lienz und Veldidena in Innsbruck

6. Jh.
Der Stamm der Bajuwaren besiedelt Tirol, bis 1027 gehört Tirol zu Bayern

12. Jh.
Die Grafen von Tirol gründen die Grafschaft Tirol

1363
Die letzte Gräfin von Tirol, Margarethe Maultasch, übergibt das Land an die Habsburger

AUFTAKT

Im Sommer wandern, im Winter skifahren

tete, oder auf den Briten David Chipperfield, der dem neuen Kaufhaus Tyrol und damit der wichtigsten Einkaufsstraße in Innsbruck ein neues Gesicht verpasst hat.

Heute ist der Tourismus die zweitgrößte Einnahmequelle nach der Industrie, die vor allem im Tiroler Unterland angesiedelt ist: Der Bezirk Schwaz etwa weist unter anderem mit der weltbekannten Firma Swarovski einige der wichtigsten Industriebetriebe des Landes auf. 10 Mio. Touristen sind es, die pro Jahr kommen, der größte Teil aus Deutschland: Tirol liegt nah, und die Sprachen sind ähnlich. Denn die Tiroler, bekannt für ihren kehligen Dialekt, sind durchaus auch des Hochdeutschen mächtig – wenn sie sich Mühe geben. Keine Mühe dagegen müssen sich die Berge geben: Sie sind da und sie sind attraktiv. 15 000 km Wanderwegen stehen 3500 km Skipiste gegenüber, eine Strecke, die von Oslo bis nach Sizilien reichen würde, dazu kommen 250 Rodelbahnen. Und wem das zu wenig Adrenalinschub ist, der kann die Berge, die Gipfel, Grate und Täler auf viele andere Arten sportlich angehen: Raften, Paragliden, Mountainbiken, Klettern Canyoning – alles unter fachkundiger Anleitung. Daneben hat sich in Tirol ein reichhaltiges Kulturprogramm etabliert. Der „Innsbrucker Tanzsommer" lockt jedes Jahr zahlreiche Besucher ins Land, das Straßenfest in Lienz ist eins der größten Festivals für Straßenkünstler weltweit, das „Festival der Träume" lädt die besten Clowns nach Tirol und natürlich gibt es auch ein Filmfestival in St. Anton, bei dem – wie soll es auch anders sein – die Berge im Mittelpunkt stehen.

Um 1500 Kaiser Maximilian I. kauft Tirol von Siegmund dem Münzreichen; Innsbruck wird Zentrum des Reichs

1703 Spanischer Erbfolgekrieg; Die Bayern werden aus Tirol zurückgedrängt

1809 Tiroler Freiheitskampf unter Andreas Hofer

1858 Eisenbahn bis Innsbruck

1919 Frieden von St. Germain: Südtirol wird italienisch

1938 Reichsgau Tirol-Vorarlberg unter Hitler-Deutschland

Durch die Bedeutung dieses einzigartigen Naturrraums für das Land haben auch jene, die sich um seine Erhaltung kümmern – die Bauern – eine besondere Stellung in Tirol. Die Landwirtschaft hat heute, im internationalen aber auch im österreichischen Vergleich, nur noch geringen wirtschaftlichen Stellenwert. Für das Selbstverständnis der Tiroler ist der Bauer jedoch von enormer Bedeutung. Er gilt seit jeher als Beschützer der Natur und als Symbol für Freiheit. Als in anderen Teilen des Habsburger Reichs noch die Leibeigenschaft weit verbreitet war, hatte sich in Tirol längst ein freier Bauernstand etabliert. Öfters wurde versucht, diese Freiheit zu beschränken. Doch die Tiroler Bauern wehrten sich. Da wurden Landesfürsten einfach abgesetzt oder man kämpfte mit Waffengewalt gegen die einfallenden Bayern, die versuchten, das seit Jahrhunderten unveränderte Weltbild der Tiroler zu reformieren. Dreimal gelang es 1809 den Tiroler Schützen unter Andreas Hofer, das übermächtige Bayernheer zu schlagen. Beim vierten Mal mussten sie sich dem Zeitalter der Aufklärung, das mit den Bayern Einzug halten sollte, geschlagen geben.

Andreas Hofer lebt bis heute als Volksheld für den Kampf um die Tiroler Freiheit weiter. Der Kampfwille ist ungebrochen – heute gilt er den Blechlawinen, die sich

Andreas Hofers Erbe: Der Kampfwille der Tiroler ist ungebrochen

das Jahr über durch Tirol schleppen. Die Strecke von Kufstein über den Brennerpass ist mit 1374 m die niedrigste und günstigste Überquerung der Ostalpen, die schnellste Verbindung zwischen dem Europa nördlich der Alpen und dem Mittelmeer. Diese Brückenfunktion nutzen jährlich ca. 2 Mio. Lkws und 15 Mio. Pkws. Sie alle donnern über die Inntal- und die Brennerautobahn und sorgen für Gesundheits- und Umweltbelastungen, ganz abgesehen vom konstanten Lärmteppich im Inn- und Wipptal. Immer wieder blockierten Anrainer deswegen die Autobahn, sehr zum Ärger der Lobbyisten. Dieser Kämpfernatur wegen werden die Tiroler gern als „Sturschädel" bezeichnet. Stolz – sagen manche – wäre wohl der bessere Ausdruck. „Tirol ist ein grober Bauernkittel, aber er wärmt gut", so charakterisierte vor 500 Jahren Kaiser Maximilian I. das Land und seine Einwohner. Neben Stolz (oder Sturheit) gehören Wärme und Herzlichkeit zum Tiroler Naturell. Man darf sich also nicht wundern, wenn man von einem wildfremden Menschen mit dem vertraulichen Du angesprochen wird. Am Berg gelten eben keine Höflichkeitsfloskeln.

1964 und 1976 Olympische Winterspiele in Innsbruck

1967–78 Arlbergtunnel, Felbertauern- und Brennerautobahn werden gebaut

1995 Österreich tritt der EU bei, Tirol stöhnt unter dem Nord-Süd-Transit

2008 Innsbruck ist u. a. Austragungsort der Fußball-Europameisterschaft

2009 200 Jahre Freiheitskampf

2011 Das neue Museum am Bergisel wird eröffnet

AUFTAKT

So sehen glückliche Kühe aus: Sommer auf den Almwiesen Tirols

Tirol zählt heute etwa 688 000 Einwohner und liegt mit 12 650 km² flächenmäßig an dritter Stelle der österreichischen Bundesländer, nach Niederösterreich und der Steiermark. Eigentlich wäre es ja das größte der österreichischen Länder, doch durch den Friedensvertrag von St. Germain nach dem Ersten Weltkrieg im Jahr 1919 wurde Tirol zerrissen: Süd- und Welschtirol (das heutige Trentino), kamen zu Italien, Nord- und Osttirol, die nicht aneinandergrenzen, blieben bei Österreich. Die Siegermächte zogen die neue Grenze entlang der Pässe des Alpenhauptkamms, einer natürlichen Nahtstelle, an der das Land aber schon vor Jahrhunderten zusammengewachsen war. Wieder waren es die Berge, die Tirols Schicksal beeinflussten. Mit dem Beitritt zur EU 1995 näherten sich Tirol und Südtirol jedoch wieder an und arbeiten heute in vielen Bereichen zusammen.

Tirol und Südtirol sind sich wieder nah

Die Berge waren also – mal gewollt, mal ungewollt – über Jahrhunderte verantwortlich für den Weg, den Tirol gegangen ist. Darum ist es für die Gäste Pflicht, neben dem Besuch all der wunderbaren Sehenswürdigkeiten in den Städten und Tälern, den einen oder anderen Ausflug in die Höhe zu machen. Abgesehen davon, dass das Gebirge ein Naturraum einzigartiger Schönheit ist: Um Tirol und die Menschen, die dort wohnen, zu verstehen, führt am Berg kein Weg vorbei.

IM TREND

1 Zartbitter bis süß

Nur die Bohne   Hansjörg Haag lässt Schokoträume wahr werden. Der Chocolatier verwendet Bio-Frischrahm, Almrosenhonig und Tiroler Bergminze für seine Kreationen *(www.tiroledle.at)*. Kaufen können Sie die Tafeln in Innsbruck bei *Süßwaren Rajsigl (Maria-Theresien-Str. 18)* oder bei *Daler Süßwaren (Anichstr. 9)*. Einheimische Zutaten kommen auch bei *Zotter (im Einkaufszentrum DEZ | Amraser-See-Str. 56a | Innsbruck)* in den Conche-Behälter *(Foto)*.

Kultur-Genuss

2

Gastrotheater   Leib und Seele kommen im *Zum Löwen (Barwies 245 | Mieming)* auf ihre Kosten. Denn dort gibt es Wirtshauskost und Kabarett *(Foto)*. Das *Hotel Tipotsch (Dorfstr. 30 | Stumm im Zillertal)* setzt ebenfalls auf Kulinarik und Kultur. Das „Theatermenü" wechselt ständig. Im *Gastrotheater (www. gastrotheater.at)* muss man nicht auf die Pause warten, um sich zu stärken. Gezeigt werden Krimis aber auch ein „Physik-Dinner" mit Molekularküche.

Spaß und Sport

3

Funevents   Zuschauen oder mitmachen? In Tirol gibt es reihenweise Sport-Veranstaltung, die auch die Lachmuskeln trainieren. Das *Jump & Freeze (www.jumpandfreeze.com)* lockt jedes Jahr Wagemutige nach Westendorf. Mit skurrilen Gefährten geht es die Piste runter. Die Fahrt endet mit einem Sprung ins Wasserbecken. Bei der *Internationalen Blasmusik-Skimeisterschaft* in Wildschönau kommt zusammen was zusammengehört: Musik und Sport *(www.musikkapelle-muehltal.at)*. Eine WM gibt es im Klumpern – aber auch ohne Wettstreit ist eine Fahrt auf dem Klumper (einkufiger Schlitten) den ganzen Winter über ein Spaß *(www.klumper.at) (Foto)*.

In Tirol gibt es viel Neues zu entdecken. Das Spannendste auf dieser Seite

Tiefenrausch & Gipfelglück

Bergseetauchen Auch ohne Meerzugang herrschen in Tirol beste Tauchbedingungen. Das klare Wasser der Bergseen macht den Tauchgang zu einem Erlebnis. Die *Tauchschule am Urisee (Urisee 6 | Reutte)* nutzt die guten Bedingungen ihres „Haussees". Eindrucksvoll sind die unter Wasser stehenden Bäume, die vor allem bei Nachttauchgängen ein spektakuläres Bild abgeben. Eines der beliebtesten Tauchreviere ist der Achensee. Auch weil bei Hechenberg zwei VW Käfer auf dem Seegrund liegen. *Get Wet (Embach 116 | Angerberg)* organisiert die Tauchgänge. Auch im Winter müssen Taucher nicht pausieren. Dieter Kuchling hat sich auf Tauchgänge unter dem Eis spezialisiert und nimmt geübte Sportler mit *(www.tauchen-in-tirol.at) (Foto)*.

Designhingucker

Tirols architektonische Sehenswürdigkeiten entdecken! Mit dem Tool *architek[tour] tirol* navigieren Sie von einem zeitgenössischen Bauwerk zum nächsten *(www.aut.cc)*. Die Tour führt Sie nicht nur zu den staatlichen Bauten, sondern auch zu sehenswerten Privathäusern und Unternehmen. Von Raimund Rainer stammt der spektakuläre Markt der Supermarktkette *M-Preis (Dorfstr. 153 | Sölden | www.mpreis.at)* auf 1400 m Höhe über einer Felsschlucht in Sölden *(Foto)*. Einen Abstecher wert sind auch andere Filialen. Dem Veranstaltungszentrum *Forum (Rathausplatz 1 | Rum)* gelingt der Spagat zwischen Ästhetik und Funktionalität. Besonderheit der Halle ist die hinter der Bühne versenkbare Glasfront. So können vor dem Gebäude auch Openair-Veranstaltungen stattfinden.

17

STICHWORTE

AUSWANDERER

In Südamerika wird tirolerisch gesprochen. Zumindest in den Dörfern Tirol und Dreizehnlinden in Brasilien und in Pozuzo in Peru schallt einem schon mal ein freundliches „Grias Di" entgegen. In den 50er Jahren des 19. bis ins 20. Jh. hinein wagen 30 000 mutige Tiroler die Fahrt über den Atlantik, aus der Wildschönau, aus dem Wipptal und dem Oberland. Das Leben daheim ist zu karg, nur die ältesten Söhne erben die Höfe, die anderen müssen selbst schauen, wo sie bleiben. Die Kultur in der neuen Heimat ist teils erhalten geblieben, mitten im Urwald stehen Tiroler Bauernhäuser, Dreizehnlinden betreibt die zweitgrößte Molkerei in ganz Brasilien, die Orte leben vom Tourismus und auch die Tiroler Landesregierung schießt dann und wann Geld zu.

Auf *Schloss Landeck* (s. S. 65) erhalten Sie einen Einblick in die Geschichte der Tiroler Auswanderbewegung.

BOLLYWOOD

Die größte Filmindustrie der Welt ist nicht etwa Hollywood, sondern das asiatische Pendant Bollywood – eine Wortkreation, zusammengestückelt aus der indischen Stadt Bombay und Hollywood. Und Bollywood hat sich in Tirol verliebt. Vor allem für die Traumszenen – in denen der Held seine Angebetete schon im Arm hält, während er im Film noch allerhand Abenteuer zu bewältigen hat – ist die Bergwelt hervorragend als Kulisse geeignet. Denn die Phanta-

Bild: Kufsteiner Bauernhaus im Kaisergebirge

Warum werden die Tiroler bei Föhn grantig? Wer hat die Schreibmaschine erfunden? Und was hat Brasilien mit Tirol zu tun? …

siesequenzen spielen sich oft an für Inder exotischen Orten ab, und dafür wurde in den vergangenen Jahren immer öfter Tirol ausgewählt. In Indien gelten die schneeverwehten Berge und die saftig grünen Täler als besonders reizvoll. Mehr als 60 indische Filmproduktionen wurden deshalb schon teilweise in Tirol gedreht. Eine der bisher größten indischen Produktionen war „Yuvraaj". Fast zwei Monate lang drehten 2007 die Superstars Salman Khan, Anil Kapoor und Katrina Kaif in Innsbruck, Wattens, Kufstein, im Alpbach- und im Stubaital. Insgesamt werden jedes Jahr mehr als 1000 Spielfilme in der Bollywood-Traumfabrik produziert. Gemeinsamkeiten gibt es in fast allen Produktionen: Sie sind farbenprächtig, es wird getanzt und gesungen und die Handlung dreht sich oft um Liebe.

Die vielen Filme haben auch dazu geführt, dass mehr Inder nach Tirol in den Urlaub fahren: In den letzten acht Jahren ist die Zahl um mehr als das Doppelte auf 23 000 Gäste jährlich gestiegen.

DIALEKT

Der Tiroler Dialekt ist hart. Einige Laute – vor allem *k* und *ch* – werden kehlig ausgesprochen, es entsteht das typische Krachen. Außerdem wird *sch* gern dort gesprochen, wo eigentlich ein *s* hingehört. Jedes Tal hat seinen eigenen Dialekt. Das Außerfern ist ein Sonderfall und teilt sich in zwei Regionen: Die Zugspitzarena bis Reutte wurde von Imst her besiedelt, die Aussprache ist ein raues Oberländlerisch. Das Lechtal jedoch besiedelten zuerst die Alemannen, die Aussprache ist deswegen mit dem Schweizerischen verwandt. Im Paznauntal verhält es sich ähnlich, überhaupt ist im Westen Tirols der Übergang zum Schweizerdeutsch überall zu erkennen.

Auch wenn die Tiroler in anderen Regionen Österreichs wegen ihrer Aussprache gern auf den Arm genommen werden: In Tirol ist man stolz auf dieses Unterscheidungsmerkmal zu den anderen Bundesländern. Zahlreiche Mundartdichter, darunter Hans Haid als einer der berühmtesten, haben mit ihren Werken Erfolg. Die Gruppe „Bluatschink" aus dem Außerfern stürmte mit mundartlichen Songs sogar die österreichischen Hitparaden, obwohl sie im Rest des Landes gar nicht verstanden wurden.

ERFINDERGEIST

Tiroler sind nicht nur ein findiges, sondern auch ein erfinderisches Volk. 1832 etwa baute der Osttiroler Simon Stampfer das Lebensrad, das bewegte Bilder vortäuschen konnte und als Vorläufer des Kinematografen gilt. Ohne den aus Südtirol stammenden Peter Mitterhofer würden wir den Computer heute wohl nicht so nutzen, wie wir es tun: Er erfand in den 1860er-Jahren die Schreibmaschine, die später ihren Siegeszug durch die Welt antrat. Der Tischler baute davon fünf Stück und präsentierte sie am Kaiserhof in Wien. Doch die Erfindung stieß auf keine Zustimmung. Gekränkt versteckte Mitterhofer die Schreibmaschinen auf seinem Dachboden, wo sie erst rund zehn Jahre nach seinem Tod gefunden wurden.

Überhaupt war das 19. Jh. ein sehr ideenreiches Jahrhundert. Der in Kufstein geborene und nach Wien ausgewanderte Josef Madersperger erfand 1814 die erste Nähmaschine. Christian Reitmann aus St. Jakob in Haus baute um 1870 die ersten Zwei- und Viertaktmotoren. Und der Welschtiroler Alois Negrelli plante 1846–56 den Suezkanal mit, der 1869 eröffnet wurde.

Mit dem 20. Jh. endete der Erfindungsreichtum der Tiroler nicht. Der Innsbrucker Arzt Anton Nagy etwa ersann den Sterilisationsapparat und der Bozener Schriftsteller Max Valier war einer der Pioniere des Raketenmotors und entwickelte zusammen mit Fritz von Opel ein Raketenauto. Er starb, als er eine seiner Raketen testete, und gilt als erstes Todesopfer der Raumfahrt.

FÖHN

Mit bis zu 150 km/h fällt dieser warme Wind in das Inntal herab. Föhn kommt aus Italien, lässt Luftfeuchtigkeit in Form von Regen dort, schleppt sich über die Berge und gewinnt beim Abstieg deutlich an Geschwindigkeit und Temperatur. Sogar im Winter kann es auf diese Weise zu Plusgraden kommen, dann schmilzt der Schnee. Fällt der Föhn zusammen, folgt meist schlechtes Wetter.

Am meisten betroffen ist wohl die Region Innsbruck. Der Brennerpass ist die niedrigste Alpenüberquerung, der Wind saust hinunter durch das Wipptal, wird beim Eingang zum Stubaital durch die Talenge beschleunigt und schlägt dann hart gegen die Nordkette. Innsbruck

STICHWORTE

kann dadurch in zwei Hälften geteilt werden. Im Westen ist es kühl, im Osten bläst ein Sturm und es ist bis zu 10 Grad wärmer. Das schlägt sich auch aufs Gemüt: Der warme Wind sorgt bei vielen Menschen oft für Kreislaufbeschwerden, Kopfweh und Schlafstörungen. Weht er länger als eine Woche, können die Innsbrucker schon mal grantig werden. Durch verschwunden sein werden, manche Prognosen sprechen schon von 2050. Für Tirol hat das katastrophale Auswirkungen: Kurzfristig wird das Schmelzwasser vermehrt zu Überschwemmungen und Murenabgängen führen. Längerfristig aber trocknen die Wasserspeicher aus – Wasser wird knapp. Die Folgen wären fatal für die Menschen, die Natur und nicht

Die Natur als Tunnelbaumeister: Eishöhle im Tuxer Gletscher

den starken Wind sind schon Straßenbahnwaggons umgekippt und das Dach des Innsbrucker Eisstadions beschädigt worden.

GLETSCHER

Dass Ötzi 1991 aus dem Gletscher herausschmolz, war weniger ein Zufall als vielmehr die Folge des Treibhauseffekts, der sich in Tirol massiv bemerkbar macht: Die globale Erwärmung bringt die Gletscher, das Wasserreservoir der Alpen, zum Schmelzen. Vorsichtige Schätzungen gehen davon aus, dass am Ende dieses Jahrhunderts drei Viertel aller Gletscher zuletzt die Wirtschaft. Denn sind die Alpen eisfrei, bleiben auch die Touristen aus, die seit einem Jahrhundert dem Land den Wohlstand bringen. An der Innsbrucker Universität gibt es mehrere Projekte, die erforschen, wie das Abschmelzen der Gletscher zu verlangsamen ist. Beispielsweise durch Verdichten der Schneedecke: Wasser wird in die Schneeschicht oder den Gletscher gespritzt und mit einem Vlies abgedeckt – als Schutz vor der Sonne. Solche und ähnliche Maßnahmen zeigen kleine Erfolge, können den Prozess jedoch nicht aufhalten.

21

GRÜNES LAND

Längst sind sich die Tiroler bewusst, dass sie ihr wichtigstes Gut, die Natur, schützen müssen. Mehr als ein Viertel der Gesamtfläche des Landes gilt mittlerweile als Schutzgebiet, insgesamt gibt es mehr als 80 derartig ausgewiesener Regionen. Viele Pflanzen, etwa das Edelweiß, stehen unter Naturschutz und dürfen nicht gepflückt werden. Und auch viele Tiere werden geschützt, für Fledermäuse etwa gibt es ein spezielles Programm.

Man setzt in Tirol schon immer auf Wasserkraft, auch wenn der Kraftwerksbau zuweilen übertrieben wird. Dieses grüne Denken spiegelt sich auch in der Politik wieder. Die Grüne Partei ist in Tirol konstant stark und hat bei vergangenen Wahlen meist zugelegt. Seit der letzten Tiroler Landtagswahl im Frühjahr 2013 sitzen sie gemeinsam mit der konservativen ÖVP auf der Regierungsbank. Aber nicht nur in der Politik, auch Tirolerinnen und Tirolern haben das grüne Denken längst verinnerlicht. Müll wird überall säuberlich getrennt und anschließend recycled, Sammelinseln für die verschiedenen Müllarten finden sich überall. Abfall auf den Boden zu werfen, ist in Tirol gar nicht gern gesehen.

Im heiligen Land Tirol: Fronleichnamsprozession bei wahrem Feiertagswetter

HEILIGES LAND

Dieser Beiname von Tirol geht auf die Zeit der Gegenreformation im 16. Jh. zurück. Die Habsburger regierten Österreich und setzten, teilweise mit Gewalt, den katholischen Glauben durch, von dem fast das ganze Land abgefallen war. Im Osten wandten sich die Menschen den Lehren Luthers zu, in Ti-

STICHWORTE

rol erfreuten sich die Täuferbewegungen großen Zuspruchs. Also holte man katholische Orden ins Land, die den Katholizismus fördern sollten: Prozessionen und Wallfahrten erlebten einen neuen Aufschwung, Andersgläubige wurden gnadenlos verfolgt. Noch 1837, also 300 Jahre später, wurden 427 Zillertaler Protestanten des Landes verwiesen. Aufgrund der rigorosen Verfolgung und Vertreibung der Protestanten weist Tirol heute mit weit mehr als 90 Prozent den höchsten Anteil an Katholiken aller österreichischen Bundesländer auf. Immer noch nehmen Prozessionen und Wallfahrten einen hohen Stellenwert ein. In den letzten Jahren allerdings ist die Zahl der Kirchenaustritte angestiegen und auch die Zahl der praktizierenden Katholiken ist konstant im Sinkflug begriffen.

ÖTZI

Ötzi oder „Frozen Fritz", wie er im Englischen genannt wird, war ein etwa 45-jähriger Mann und lebte um 3000 v. Chr. Er starb an einem Pfeil, der seine Schulter durchbohrte. Man nimmt an, dass er auf der Flucht war oder von einem Angriff überrascht wurde. Der Fund der Eismumie in der Nähe des Hauslabjochs in den Ötztaler Alpen Anfang der 1990er-Jahre war jedenfalls eine archäologische Sensation: Nie zuvor war eine derart gut konservierte Leiche aus der Kupferzeit, wie die Jungsteinzeit auch genannt wird, in Mitteleuropa gefunden worden. Noch dazu brachte Ötzi einen Großteil seiner Ausrüstung mit in unsere Zeit: seine Axt, seine Bekleidung, sein Jagdgerät. Er war tätowiert und zu medizinischen Zwecken akupunktiert worden. Stück für Stück gab er den Wissenschaftlern preis, wie das Leben in der Steinzeit, lange bevor es in den Alpen schriftliche Aufzeichnungen gab, ausgesehen haben muss. Und da es sich um eine richtige Mumie handelt, umranken den Mann aus dem Eis – genau wie den berühmten Pharao Tutanchamun – allerlei mythische Gerüchte: Sein Finder, der Deutsche Helmut Simon, und einige der Ärzte und Archäologen sind mittlerweile verstorben – und man sagt, es sei der Fluch des Ötzi, der die Männer dahingerafft habe.

RUSSEN

Felix Mitterers vierteilige Fernsehsatire „Die Piefke-Saga" ist legendär: Der typisch deutsche Urlauber und die Tiroler Gastfreundschaft werden dabei gehörig auf die Schippe genommen. Jetzt schreibt Mitterer an einer Fortsetzung des Stücks: „Die Russen-Saga", bei der der deutsche Urlauber in Tirol auf eine reiche russische Familie trfft und allerhand Kulturkonflikte vorprogrammiert sind. Hintergrund der Satire ist die große Zahl an russischen Gästen, die seit dem Fall des Eisernen Vorhangs die noblen Tiroler Skiorte besuchen. Mehr als 200 000 verbringen jährlich das orthodoxe Weihnachtsfest Anfang Januar in Tirol.

Aufgrund der unterschiedlichen Kultur und der fremden Sprache wurden diese neuen Besucher von den Stammgästen und den einheimischen Touristikern kritisch beäugt und nicht immer so geliebt wie der Rubel, den sie gerne und viel in Tirol ausgeben. Jetzt hat sich das Land aber auf die neuen Gäste eingestellt: Viele Hotels beherbergen zur russischen Hauptreisezeit nur noch Russen, es gibt Speisekarten auf Russisch, und an den Volkshochschulen werden Russischkurse für Skilehrer angeboten. Und seit Innsbruck bei der Fußballeuropameisterschaft 2008 die russische Mannschaft und Zehntausende Fans beherbergte, ist die Skepsis gegenüber den neuen Gästen verschwunden.

ESSEN & TRINKEN

Der Berg hat nicht nur das Land und den Charakter der Tiroler geformt, sondern auch die Küche. Denn das Leben war hart und anstrengend in der bäuerlichen Almwirtschaft. Damit einher ging ein sehr eingeschränkter Speiseplan.

Begrenzte Anbauflächen und lange Winter sorgten dafür, dass die Tiroler oft mit wenig Nahrung auskommen mussten. Geld für zusätzliche Lebensmittel fehlte meist. So wurde verwendet, was vorhanden war. Das beste Beispiel ist das berühmte Tiroler Gröstl: eigentlich eine simple Resteverwertung, in der am Montag alles verarbeitet wurde, was vom Sonntagsbraten übrig war.

Am ursprünglichsten isst man heute wohl noch auf einer der zahlreichen Tiroler Almhütten. Typisch für die Speisekarten der Hütten sind die Tiroler Knödel mit Speck in einer klaren Rindsuppe oder die Kasknödel, mit Tiroler Grauskäse gefüllt. Der Graukäse wird auch kalt, mit Zwiebeln, Essig und Öl serviert. Der fettarme Käse war ursprünglich ein Arme-Leute-Essen, weil er aus der Milch gemacht wird, die aus der Buttererzeugung übrig blieb. Vorsicht: Je reifer er wird, desto schärfer wird er auch und sein Geschmack ist dann sehr gewöhnungsbedürftig.

Sehr beliebt sind auf den Hütten auch Schlutz- oder Schlipfkrapfen, Tiroler Ravioli, meist mit einer Füllung aus Kartoffeln (die in Tirol Erdäpfel oder Patati heißen). Nicht zu vergessen ist natürlich die traditionelle Brettljause, eine zünftige, kalte Platte, auf der sich heimischer Speck, Käse, Aufstriche, Eier und Essiggurkerl

Bild: Tiroler Speckknödel

Ob traditionelle Gerichte oder Neukreationen der „Jungen Wilden": Die Tiroler Küche setzt auf frische heimische Produkte

finden und die einem müden Wanderer oder Mountainbiker nach dem Aufstieg wieder Kraft gibt.

Sehr traditionell isst man heute in einem der mehr als 130 zertifizierten Tiroler Wirtshäuser *(www.tiroler-wirtshaus.at)*, gekennzeichnet durch ein grünes Schild mit drei Blättern. Von Kaskrapfen über Tiroler Speckforelle bis zu Lammrücken mit Petersilienkrustel und Brottorte mit Haselnüssen reicht die Palette. Ganz wichtig ist auch das Ripperlessen, deftige Schweinsrippen, die mit Kren (Meerrettich) und Senf meist auf einem Holzbrett serviert werden. Drei Bedingungen haben sich die Wirtshäuser auf die Fahnen geschrieben: die Liebe zur Tiroler Kost, die Verwendung frischer, heimischer Produkte sowie authentische Atmosphäre und Architektur. Außerdem wird regelmäßig überprüft, ob diese Betriebe ihren Standard beibehalten.

Neben den traditionellen Restaurants findet man in Tirol die „Jungen Wilden", die neue Maßstäbe mit ihren Restaurants setzen. Der Zillertaler Alexander Fank-

SPEZIALITÄTEN

▶ **Apfelradln** – in Teig getauchte und in Fett gebackene Apfelringe, mit Zucker serviert
▶ **Bauernschmaus** – große Holzplatte garniert mit Sauerkraut, Schweinskoteletts, Selchfleisch, Wiener (Frankfurter) Würstchen und Petersilienkartoffeln
▶ **Brezensuppe** – stammt aus dem Unterland: Klein geschnittene Laugenbrezen werden mit (Grau-)Käse bestreut und mit Rindssuppe aufgegossen
▶ **Gerstensuppe** – wird mit geräuchertem Schweinefleisch und Speck angerichtet
▶ **Graukas** – säuerlicher Käse aus Magermilch, der mit Essig, Öl und viel Zwiebeln serviert wird
▶ **Kartoffelpaunzen** – dicke, kurze Nudeln aus Kartoffelteig; werden süß mit Zucker, als Beilage oder als Hauptspeise etwa mit Kraut und Speck genossen
▶ **Kaspressknödel** – flache Semmelknödel mit Petersilie und pikantem Käse, meist in klarer Suppe serviert (Foto re.)

▶ **Scheiterhaufen** – überbackenes Weißbrot mit Milch, Äpfeln, Rosinen und Zucker zu einem Türmchen aufgestapelt
▶ **Schlutzkrapfen** – auch Schlipfkrapfen genannt: Teigtaschen mit Fleisch und Kartoffeln gefüllt (Foto li.)
▶ **Spinatspatzln** – durch den Spinat im Teig grün gefärbte Spätzle, werden oft mit Rahmsauce serviert
▶ **Tiroler Leber** – dünne Leber, die mit Speck gebraten und Wein aufgegossen wird
▶ **Tiroler Muas** – fester Grießbrei, den jeder mit seinem Löffel direkt aus der Pfanne isst
▶ **Tiroler Speckknödel** – Semmelknödel mit Tiroler Speck, in Suppe oder auf Kraut serviert
▶ **Virgentaler Schöpsernes** – Lammkeule auf Osttiroler Art
▶ **Zelten** – Früchtebrot mit Anis, Dörrbirnen, Feigen, Nüssen, Rosinen; wird zu Weihnachten gegessen

hauser ist einer von ihnen. Er gehört zu den berühmtesten Köchen Österreichs und ist bekannt für seine neuartigen Kreationen sowie seine zehngängigen Menüs, mit denen er in Hochfügen im *Restaurant Alexander* die Gäste verzaubert, aber auch, weil er in einer eigenen Kochsendung im ORF-Fernsehen seine Geheimnisse verrät. Alexander Fankhauser, Martin Sieberer von der *Paznau-*

ESSEN & TRINKEN

ner *Stube* in Ischgl oder Simon Taxacher vom *Rosengarten* in Kirchberg vertrauen auf traditionelle Tiroler Küche, verfeinern sie und zaubern neue Kreationen in ihre Menüs. Ihre Mühe hat sich gelohnt, diese Restaurants gehören zu den besten zwanzig in ganz Österreich, zusammen mit dem *Schalber* in Serfaus oder dem *Pavillon* in Innsbruck. Vor allem der mediterrane Einfluss verfeinert meist die heimische Küche. Dem Mittelmeer fühlt sich der Tiroler schon aufgrund der Nähe zu Italien zugetan.

Auch wenn Tirol für seine Süßspeisen nicht so berühmt ist wie etwa Wien mit Sachertorte und Kaiserschmarren – Schleckermäulchen kommen hier sicher auch nicht zu kurz: Kiachln, in Öl gebackene Hefeteigringe, die traditionell auf dem Christkindlmarkt gegessen werden, mit Marmelade oder Vanillecreme gefüllte Krapfen oder Moosbeernocken, Heidelbeeren in Teig getaucht, sind nur ein kleiner Auszug aus dem üppigen Süßspeisenrepertoire Tirols, der einem das Wasser im Mund zusammenlaufen lässt. Natürlich gibt es in den zahlreichen Cafés und Konditoreien Torten und Kuchen in allen Variationen, und ein kleiner Ableger des berühmten *Café Sacher* steht neben der Innsbrucker Hofburg.

Traditionell wird zum Essen in Tirol Bier getrunken. Grund dafür ist auch, dass die hohe Lage und der lange Winter nicht ideal für Wein sind. Außer in einem kleinen Weingut in Zirl gibt es in ganz Tirol keine Reben. In jedem besseren Lokal finden Sie jedoch eine ausgesuchte Weinkarte. Waren es bis vor ein paar Jahren noch italienische Tropfen, die in Tirol an erster Stelle standen, so sind es heute eher österreichische Weine. Grund dafür ist auch, dass sich der Osten Österreichs als Weinland etabliert hat: Niederösterreich, das Burgenland oder die Steiermark zählen mittlerweile zu den besten Weinbaugebieten der Welt. Speziell Weißweine wie der Grüne Veltliner gehören zu den Spitzensorten. Unter den Rotweinen ist der Zweigelt einer der bekanntesten. Aber auch Edelvernatsch und Grauvernatsch, eine Rotweinsorte,

Eines der besten Wirtshäuser in Tirol: der „Wilde Mann" in Lans

die speziell in Südtirol verbreitet ist, sind sehr beliebt.

Wem das alles zu üppig wird, dem hilft einer der berühmten Tiroler Digestifs: Das allseits bekannte *Schnapserl*, egal ob Obstler, Marille, Vogelbeere oder Birne, ist unverzichtbar und rundet jedes Mahl ab. Und wer schon einmal den aus Zirbenzapfen angesetzten, süßen Zirbenschnaps getrunken hat, wird auf jeden anderen Magenbitter verzichten.

EINKAUFEN

Handwerk hat in Tirol große Tradition. Seit Jahren schon ist das Land bekannt für seine Schnitzhandwerk und seine Glaskunst. Aber auch Tiroler Mode geht über Dirndl und Lederhose hinaus.

GLAS

Die Glasbläserei ist vor allem in Rattenberg und in Kramsach zu Hause. In den kleinen Geschäften sehen Sie hier die Glasbläser bei der Arbeit, wie sie Blumen, Figuren, Vasen oder Flaschen blasen, die meist noch kunstvoll bemalt werden. Weltberühmt für ihre Glaskristalle ist die Tiroler Firma *Swarovski* mit Firmensitz in Wattens. In den Kristallwelten oder der Filiale in Innsbruck kaufen Sie Modeschmuck und Figuren. Glas ganz anderer Art stellt *Riedel* in Kufstein her. Schon in den 1950er-Jahren begann die Firma, Weingläser zu produzieren, die den Geschmack des Weins betonen. Heute gehören handgeblasene Riedel-Gläser zu den exklusivsten Weingläsern der Welt.

LODEN & LEDER

Loden (verwobenes und gewalktes Schafsgarn) und Leder sind Teil der Tiroler Tracht, und zwar aus einfachen Gründen: Die Materialien wärmen, sind strapazierfähig und in Tirol im Überfluss vorhanden. Die Bauern konnten sie in Heimarbeit bearbeiten oder von fahrenden Händlern verschönern lassen. Jacken, „Filzpatschen" (Filzpantoffeln) und der berühmte Tiroler Hut sind aus Loden. Für die traditionelle Hose verwendete man Leder. Auch die Knöpfe wurden von den Bauern im Winter in Handarbeit hergestellt. Als Grundlage dafür dienten ihnen Hirschgeweihe. Loden gilt heute in Tirol als schick. Es ist teuer und in gut sortierten Boutiquen erhältlich.

SCHNAPS

Früher wurde alles gebrannt, was während des Gärprozesses genug Alkohol erzeugte: Zwetschgen, Äpfel, Marillen oder eine Obstmischung, aber auch Rüben und Kartoffeln. Dementsprechend scharf lief der Tropfen die Kehle hinunter. Mittlerweile hat sich das geändert. Die edlen Tropen gewinnen Auszeichnungen. Besonders beliebt ist nach wie vor der würzige Obstler, der feine, mandelartige Vogelbeerschnaps und der süße Zirbenschnaps, der aus den Zapfen der Zirbelkiefer hergestellt wird.

Tirol bietet Shoppingfans vieles, vom Kunsthandwerk bis zur Trachtenmode und vom Baunernhofladen bis zum Tirol Shop

SCHNITZHANDWERK

Vor allem das Außerfern ist bekannt für seine Schnitztechnik. Traditionell sind es christliche Motive, Kruzifixe und Heiligenfiguren, die geschnitzt wurden, aber auch kunstvolle Verzierungen wurden geschaffen. Immer noch finden sich im Lechtal Kunstschnitzer des alten Schlags, in manchen Geschäften und Werkstätten können Sie ihnen bei der Arbeit zuschauen. Sehr liebevoll geschnitzt oder gedrechselt finden Sie Krippenfiguren aus Holz in verschiedenen Größen. Die gängigsten sind 6 bis 18 mm hoch, wobei der hl. Josef als Maß genommen wird.

TIROL SHOP

Tirol hat sich in den vergangenen Jahren **INSIDER TIPP** als Mode-Label etabliert. Funktionskleidung, Retro-Produkte, Rucksäcke – kaum ein Tiroler, der nicht ein Teil mit dem roten Logo im Schrank hängen hat. Besonders beliebt sind die warmen Wollmützen für den Winter. Die Artikel gibt es in Tourismusbüros, Sportgeschäften und unter *www.tirolshop.com*.

VOM BAUERN

Der Verkauf ab Hof hat in Tirol eine lange Tradition. In jedem kleinen Dorf gibt es mehrere Bauern, die ihre Produkte direkt auf dem Hof verkaufen und oft eine breite Palette anbieten: Hauswürste, Speck, Fleisch, Milchprodukte wie Käse, Honig, aber auch hochprozentig Selbstgebranntes wie Marillen- oder Zwetschgenschnaps oder Obstler. Daneben bieten Bauern je nach Jahreszeit auch Obst, Gemüse und Marmelade. Außerdem wird in fast allen Orten Tirols regelmäßig ein 🌳 Bauernmarkt veranstaltet, bei dem die lokalen Landwirte gemeinsam ihre Produkte auf dem Hauptplatz anbieten. Das Angebot ist zwar auf solchen Märkten nicht immer billiger als im Lebensmittelladen, dafür aber garantiert Bio.

DIE PERFEKTE ROUTE

DAS TOR DER BERGE

Wenn Sie von von München aus mit dem Auto kommen, öffnen sich vor Ihnen die Berge wie ein Tor – an dem ein imposanter Wächter Posten steht: Den Besuch der mächtigen ❶ *Festung Kufstein* → S. 52 dürfen Sie auf keinen Fall verpassen! Beim nächsten Halt nach Verlassen des Inntals sollten Sie Richtung Himmel aufbrechen, denn der Blick vom Kitzbüheler Horn aufs noble ❷ *Kitzbühel* → S. 48 und die umgebenden Täler und Gipfel ist schlicht sagenhaft. Auf das Ende der anschließenden Fahrt durchs Brixental nach Wörgl freuen sich alle, die in einer Wasserrutsche einen Doppellooping erleben wollen. Das bietet weltweit nämlich nur das Erlebnisbad ❸ *Wave* → S. 54.

GLAS, SILBER & KRISTALL

Auf handfeste Action folgt filigrane Kunst: Über die Inntalautobahn führt der Weg nach ❹ *Rattenberg* → S. 59. In der malerischen Fußgängerzone der kleinsten Stadt Tirols schauen Sie Glasbläsern dabei zu, wie sie zerbrechliche Kunstwerke erschaffen. Während Sie dann in Schwaz einen spannenden Trip in die Tiefen des alten ❺ *Silberbergwerks* → S. 60 (Foto li.) machen, wartet etwas weiter die Inntalautobahn hinunter ein grasüberwachsener Riese darauf, Sie zu verschlucken: Durch seinen Mund betreten Sie das gläserne Zauberuniversum der ❻ *Swarovski Kristallwelten* → S. 47.

ZUM GOLDENEN DACHL

In ❼ *Hall* → S. 45, einem der schönsten mittelalterlichen Städtchen Österreichs, tauchen Sie ab in Europas Münzgeschichte und steigen hoch hinauf auf den Haller Münzturm mit seinem herrlichen Ausblick auf das Inntal und die Berge. Beeindruckend ist auch die Höhe der Sprungschanze am Bergisel in der Landeshauptstadt ❽ *Innsbruck* → S. 33. Der Kitzel der Gefahr, der sich die Springer alljährlich bei der Vierschanzentournee aussetzen, verflüchtigt sich später beim Anblick des Goldenen Dachl, Innsbrucks berühmtem Wahrzeichen, und beim entspannten Bummel durch die Altstadt. Wer auch noch ein Stück die Nordkette hinaufwandert, bestaunt Innsbruck von oben.

AUF DEN ZIRLER BERG

Es geht weiter durch das Inntal, den Zirler Berg hinauf nach ❾ *Seefeld* → S. 74 (Foto re.), einer der berühmtesten Tourismusorte des Landes,

30   www.marcopolo.de/tirol

Erleben Sie die vielfältigen Facetten Tirols von Ost nach West mit kleinen Abstechern in die Zugspitzarena oder ins Ötztal

wo Sie einen Spaziergang durch das idyllische Dorf unternehmen oder zu einer Wanderung, etwa in die Leutascher Geisterklamm, aufbrechen sollten. An der Friedensglocke vorbei geht es über ❿ *Mösern* → S. 75 wieder zurück hinunter in das Inntal.

KLOSTERPRACHT & STEINZEITLEBEN

Kehren Sie jetzt ein in eines der schönsten Klöster Tirols, ins ⓫ *Stift Stams* → S. 73, dessen barocke Pracht schon von Weitem sichtbar ist. Oder machen Sie einen Abstecher ins ⓬ *Ötztal* → S. 69 und eine Reise in die Steinzeit im ⓭ *Ötzi-Dorf* → S. 70. Sie sind noch nicht ausgepowert? Dann wandern Sie noch zum Stuibenfall!

GIPFELSTÜRMER, AUSWANDERER & SKIFAHRER

Zurück auf der Inntalautobahn, nehmen Sie die Ausfahrt Richtung Reutte. Auf diesem rund 50 km langen Abstecher wartet nämlich ein echter Höhepunkt: die ⓮ *Zugspitze* → S. 88. Von der Tiroler Seite aus geht es auf den Gipfel von Deutschlands höchstem Berg – ein atemberaubendes Alpinabenteuer per Gondelfahrt. Wieder im Inntal, lernen Sie in ⓯ *Landeck* → S. 65, im Museum des gleichnamigen Schlosses, die Geschichte der Tiroler Auswanderer kennen. Oder Sie wollen nichts wie hin nach ⓰ *Sankt Anton am Arlberg* → S. 69, der Wiege des Skisports. Mit seiner modernen Architektur, den vielen Sport- und Wandermöglichkeiten im Sommer wie im Winter, ist das Städtchen auf 1300 m Höhe der beste Abschluss für die perfekte Tour quer durch Tirol.

400 km. Reine Fahrzeit 6 – 7 Stunden
Empfohlene Reisedauer: 2 Tage
Detaillierter Routenverlauf auf dem hinteren Umschlag, im Reiseatlas sowie in der Faltkarte

31

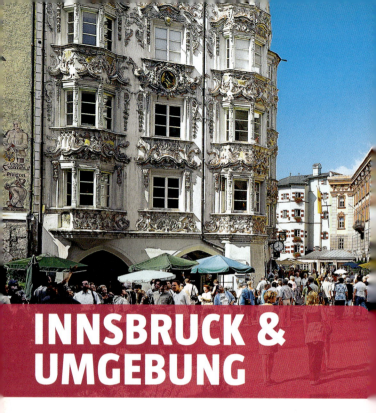

INNSBRUCK & UMGEBUNG

Die Region rund um Innsbruck wählte einst Kaiser Maximilian I. als Zentrum, um sein riesiges Weltreich zu regieren. Heute ist sie nach wie vor der kulturelle Mittelpunkt Tirols.

Maximilian war ein begeisterter Jäger und liebte die Berge rund um die Tiroler Landeshauptstadt: die schroffe Nordkette mit der Martinswand, in der er sich der Legende nach einmal verstieg und erst durch einen weißen Hirsch, der ihm den Weg wies, gerettet wurde. Auch den mächtigen Patscherkofel im Süden, den Hausberg Innsbrucks, und das Stubaital mit seinen imposanten Bergen schätzte der Regent. Und selbstverständlich war auch das Geld, das in Hall geprägt wurde, ein guter Grund, in Innsbruck zu residieren. Dass die Region noch heute das kulturelle Herz des Bundeslandes ist, beweisen die zahlreichen Veranstaltungen und die schönsten Museen des Landes sowie eine muntere, jugendliche Szene. Die besteht nicht zuletzt aus den mehr als 25 000 Studierenden, die sich auf der Universität auf ihr Berufsleben vorbereiten und in und rund um die Landeshauptstadt ihr Zuhause gefunden haben.

Es brummt aber auch aus anderen Gründen in der Region. Etwa wegen der zahlreichen Sportbegeisterten, die auf der Nordkette und in den Stubaier Alpen ihren Bewegungsdrang beim Skifahren, Wandern, Mountainbiken oder Klettern ausleben. Und nicht zuletzt sorgen mehrere Millionen Touristen jährlich dafür, dass es in Innsbruck und Umgebung immer heiß her geht.

32 Bild: Herzog-Friedrich-Straße und Goldenes Dachl in Innsbruck

Urbaner Charme und markante Bergwelt verschmelzen im Herzen Tirols zu einer glücklich machenden Einheit

INNSBRUCK

> **WOHIN ZUERST?**
> Das Zentrum, um das sich alles dreht, ist das **Goldene Dachl (U C3)** *(m c3)* in der Altstadt (Tram Linie 1: Maria-Theresien-Straße). Hier finden Sie Sehenswürdigkeiten, Museen, Restaurants und Hotels. Falls Sie mit dem Wagen kommen, parken Sie am besten in der Markthallengarage neben dem Haupteingang der Markthalle.

KARTE IM HINTEREN UMSCHLAG
(123 E5–6) *(m H–J4)* Die Landeshauptstadt, umrahmt von einer beeindruckenden Bergkulisse, teilt Tirol in Ober- und Unterinntal.

Durch *Innsbruck* muss man meist hindurch, wenn man Tirol durchqueren will. Das machte die Stadt schon im Mittelalter zu einem bedeutenden Marktplatz. Viele Spuren von damals sind in den

33

INNSBRUCK

Gassen der Innsbrucker Altstadt zu entdecken. In jüngerer Zeit machten die Olympischen Winterspiele von 1964 und 1976 die Stadt bekannt. Die Sportstätten nutzt man heute noch, die eindrucksvollste unter ihnen ist die Sprungschanze am Bergisel: Sie strahlt nachts in verschiedenen Farben.

rienstatue gekrönt. Auf dem Sockel der Säule stehen vier für Tirol bedeutende Heiligenfiguren: Anna, Georg, Kassian und Vigilius. 1703 fielen die Bayern im Zuge des spanischen Erbfolgekriegs in Tirol ein, die Tiroler verteidigten sich. Zum Gedenken an die Freiheit stellte die Stadt drei Jahre später die Statue auf.

Barocke Etappe am Jakobsweg nach Santiago de Compostela: Dom zu St. Jakob

Heute ist Innsbruck vor allem Studentenstadt. Auf 120 000 Einwohner kommen 25 000 Studenten aus aller Welt. Sie machen die Stadt zu einer multikulturellen Metropole und bevölkern die zahlreichen Cafés in den malerischen Laubengängen der Altstadt und die Bars bis in die Nacht.

SEHENSWERTES

ANNASÄULE (U C4) (*c4*)
Die spitze, 13 m hohe Säule mitten in der Fußgängerzone wird von einer Ma-

In den 1950er-Jahren wurde die Säule zum Schutz durch eine Kopie ersetzt, das Original steht in St. Georgenberg bei Schwaz. *Maria-Theresien-Str.*

BERGISEL-STADION ★ ☼
(U D6) (*d6*)
Die Schanze steht auf historischem Boden: 1809 stellte sich der Tiroler Freiheitskämpfer Andreas Hofer hier mit seinen Schützen gegen die Truppen Napoleons. Heute sehen Sie, mit etwas Glück, den Skispringern beim Training

34 www.marcopolo.de/tirol

INNSBRUCK & UMGEBUNG

zu. Auf der 2002 von Zaha Hadid neu gestalteten Sprungschanze springt die sportliche Crème de la Crème am 4. Januar während der jährlich stattfindenden Vierschanzentournee. Der Anlauf ist 98 m lang, der Schanzenrekord liegt bei 134,5 m im Winter (Sven Hannwald, 2002) und 136 m im Sommer (Adam Malysz, 2004). Zum 50 m hohen Schanzenturm kommen Sie mit dem Schrägaufzug. Der Ausblick vom Panoramarestaurant *Café im Turm (19,70 Euro u. freier Eintritt ins Stadion | Tel. 0512 58 92 59 30)* entschädigt für den leicht überteuerten Eintrittspreis ins Stadion. Bis 11 Uhr wird hier jeden Morgen das Bergisel-Frühstück serviert. *Nov.–Mai tgl. 10–17, Juni–Okt. tgl. 9–18 Uhr | Bergisel | 9 Euro, Kombiticket mit Tirol Panorama 11 Euro | www.bergisel.info*

Unterhalb des Bergisel-Stadions steht die Statue von Andreas Hofer, daneben wurde 2011 das *Tirol Panorama* (s. S. 38) eröffnet. Darin wird u. a. ein mehr als 1000 m² großes Riesenrundgemälde von 1896 gezeigt.

DOM ZU SANKT JAKOB (U C3) (*M c3*)

Die zwei Türme des 1724 fertiggestellten, üppigen barocken Baus überragen die Altstadt. Der Dom wurde dem heiligen Jakob geweiht, weil er auf dem Weg nach Santiago de Compostela in Spanien, dem Jakobsweg, liegt. Bekannt ist der Dom für das Gnadenbild Mariahilf von Lukas Cranach d. Ä. und das bronzene Grabmal des Tiroler Landesfürsten Maximilian III. Jeden Tag um 12.12 Uhr läuten die 48 Glocken des Innsbrucker Friedensglockenspiels. *Domplatz 6*

GLOCKENMUSEUM (U C5) (*M c5*)

In aller Welt erklingen die Glocken der Firma Grassmayr aus Innsbruck. Im Museum beim Geschäft sehen Sie in einer alten Gießerei, wie mühsam es mit den einfachen Werkzeugen früher war, die Glocken zu gießen. Durch eine Glasscheibe schauen Sie der heutigen Produktion zu. Im Klangraum werden Töne sichtbar. *Mai–Sept. Mo–Sa 9–17, Okt.–April Mo–Fr 9–17 Uhr | Leopoldstr. 53 | 7 Euro | www.grassmayr.at*

MARCO POLO HIGHLIGHTS

⭐ Bergisel-Stadion
Imposantes Überbleibsel der Olympischen Winterspiele → S. 34

⭐ Goldenes Dachl
Auf dem Prunkerker, dem Wahrzeichen Innsbrucks, glänzen 2657 vergoldete Schindeln → S. 36

⭐ Hofkirche
Riesige schwarze Bronzefiguren bewachen das Kaisergrab → S. 36

⭐ Schloss Ambras
Renaissanceschloss mit einmaliger Waffen- und Kuriositätensammlung → S. 36

⭐ Nordkette
Phantastischer Panoramablick von ganz oben über die Stadt und ihre Sehenswürdigkeiten → S. 37

⭐ Altstadt Hall
Kopfsteinpflaster, enge Gassen, sympathische Lädchen: Dem Mittelaltercharme von Hall kann man sich nur schwer entziehen → S. 46

⭐ Kristallwelten
Swarovskis Wunderwelt, gestaltet von einem der berühmtesten Künstler Österreichs: André Heller schuf mit Hilfe vieler anderer Kreativer ein Universum aus Kristall → S. 47

INNSBRUCK

GOLDENES DACHL ⭐ ☙
(U C3) (🗺 c3)

Der Prunkerker mit den 2657 vergoldeten Schindeln ist das Wahrzeichen von Innsbruck und die wichtigste Sehenswürdigkeit der Stadt. Kaiser Maximilian I. hatte sich die kaiserliche Loge um 1500 bauen lassen, um bei Turnieren und Spielfesten auf dem Stadtplatz in der ersten Reihe zu sitzen. Sich selbst ließ er in der Mitte der Balustrade verewigen: links mit seinen zwei Frauen, Bianca Maria Sforza (mit Apfel) und Maria von Burgund, rechts zwischen Staatskanzler und Hofnarr.

Im Gebäude, 1420 als Residenz der Tiroler Landesfürsten gebaut, befinden sich heute das Standesamt und das *Museum Goldenes Dachl (Mai–Sept. tgl. 10–17, Okt., Dez.–April Di–So 10–17 Uhr | 4 Euro)*. Auf dem Platz vor dem Erker stand früher auch der Scheiterhaufen. *Herzog-Friedrich-Str. 15 | www.goldenes-dachl.at*

LOW BUDGET

▶ 20 Minuten dauert die Fahrt aus der Innenstadt in hochalpines Gelände. Mit den *Nordkette Kombitickets* parken Sie gratis in der City-&-Congress-Garage, fahren mit der Hungerburgbahn und besuchen den Alpenzoo (11 Euro). *www.nordkette.com*

▶ Wer sich die teure Auffahrt auf die *Hungerburg* sparen will geht zu Fuß: vom Löwenhaus *(Rennweg 5)* den Innsteg entlang über die Holzbrücke bis zum *Alpenzoo* und weiter sind Sie in einer guten halben Stunde auf der ☙ Hungerburg und genießen die einmalige Aussicht.

HOFBURG (U C3) (🗺 c3)

Kaiserin Maria Theresia (1717–80) gab den Auftrag, den um 1500 fertiggestellten Sitz der Tiroler Landesfürsten im Stil des Wiener Rokoko umzubauen. Heute kann man noch die Prunkräume, etwa den Riesensaal mit Porträts der Kaiserin, besichtigen. Im Durchgang zur Hofgasse befindet sich ein Ableger des berühmten ● *Café Sacher* in Wien, wo Sie die Sachertorte nach originalem Geheimrezept genießen können. *Do–Di 9–17, Mi 9–19 Uhr | Rennweg 1 | Eintritt 8 Euro, Kombiticket mit Alpenvereinsmuseum 10 Euro | www.hofburg-innsbruck.at*

HOFKIRCHE ⭐ (U C3) (🗺 c3)

28 überlebensgroße, schwarze Bronzefiguren, die „Schwarzen Mander", bewachen das leere, mit 24 kunstvollen Marmorreliefs verzierte Grabmal, das Kaiser Maximilian I. 1502 für sich selbst in Auftrag gab. Das größte Kaisergrab des Abendlands erfüllte aber nie seinen Zweck: Als der Regent 1518 todkrank vor den Toren der Stadt stand, wurde ihm die Rückkehr verwehrt. Der Kaiser hatte nämlich noch Schulden bei den Wirten, und beim Geld hört für die Tiroler die Freundschaft auf. Gekränkt reiste Maximilian wieder ab, bestimmte auf seinem Totenbett eine andere Ruhestätte für sich und starb kurz darauf.

Etwa 50 Jahre später wurde die Hofkirche fertig gebaut. Statt der Gebeine des Kaisers ruht hier nun unter anderen seit 1823 der Tiroler Freiheitskämpfer Andreas Hofer. *Mo–Sa 9–17, So 12.30–17 Uhr | Universitätsstr. 2 | Kombiticket mit Ferdinandeum, Zeughaus, Volkskunstmuseum, Tirol Panorama 10 Euro | www.tiroler-landesmuseen.at*

SCHLOSS AMBRAS ⭐ (123 E6) (🗺 J4)

Erzherzog Ferdinand II. fesselte seine Gäste damals zur Begrüßung erst ein-

INNSBRUCK & UMGEBUNG

mal auf einen Stuhl und leerte ihnen daraufhin einen großen Krug Wein in den Rachen. Dieses Ritual bleibt Ihnen heute zum Glück erspart. Den Schnappstuhl aber sehen Sie immer noch im Unterschloss, mit einer beeindruckenden Rüstungs- und Waffenausstellung. Faszinierend ist auch der ● beeindruckende Schlosspark, heute ein Wildpark mit Wäldern, Fischteichen, Wildgehegen,

SEEGRUBE ☀ **(123 E5)** (*M H–J4*)
In 7 Minuten gelangen Sie von der Innenstadt auf die *Hungerburg* – einem Stadtteil von Innsbruck und die erste Station auf der ★ Nordkette. Dort bekommen Sie einen Vorgeschmack auf die Aussicht, die Sie weiter oben erwartet. Die Stationen der Hungerburgbahn, die wie grüne Ufos aussehen, entwarf die britisch-irakische Architektin Zaha Hadid.

Ein Wahrzeichen glänzt mit der Sonne über Innsbruck um die Wette: Goldenes Dachl

Felsen, Grotten und einem künstlichen Wasserfall.
Der Erzherzog ließ die aus dem 11. Jh. stammende Burg im 16. Jh. ausbauen. Im Hochschloss sind die Porträts der Habsburger, die zwischen 1400 und 1800 lebten, zu sehen – gemalt von Größen wie Cranach, Tizian, Velázquez oder van Dyck. Der 43 m lange *Spanische Saal* wird im Sommer für Konzerte genutzt. *Tgl. 10–17, Aug. bis 19 Uhr, Habsburger Porträtgalerie und Gotiksammlung nur April–Okt. | Schlossstr. 20 | 10 Euro | www.schlossambras-innsbruck.at*

Weiter hinauf in die hochalpine Bergwelt geht es mit der Seilbahn, erst zur *Seegrube (1905 m)* und dann zum *Hafelekar (2256 m)*. Der Panoramablick ist atemberaubend. Freitagabends speisen Sie mit Blick auf die Lichter der Stadt à la carte im Panoramarestaurant *Leingartner Restaurant Seegrube (Tel. 0512 30 30 65 | www.seegrube.at | €€€)*. Talstation am Rennweg | Innsbruck–Hungerburg 7,10 Euro, Innsbruck–Seegrube 15,40 u. 25,70 Euro (hin u. zurück), Hafelekar 17,10 u. 28,50 Euro (hin u. zurück) | www.nordkette.com

INNSBRUCK

Die Wiltener Basilika präsentiert sich im üppigen Rokokostil

STADTTURM ☼ (U C3) (*c3*)
Vom 51 m hohen ehemaligen Rathausturm bietet sich Ihnen nach 148 Stufen ein atemberaubender 360-Grad-Blick auf die umliegende Berglandschaft – und in manche Dachwohnung in der Altstadt. *Okt.–Mai tgl. 10–17, Juni–Sept. tgl. 10–20 Uhr | Herzog-Friedrich-Str. 21 | 3 Euro*

STIFT WILTEN (U C–D6) (*d6*)
Im Süden von Innsbruck stehen zwei prächtige Sakralbauten: Der rote ist das Prämonstratenser-Chorherrenstift auf dem Gelände der alten Römersiedlung Veldidena. Zu verdanken ist das Stift der Legende nach einem Riesen: Der Riese Haymon soll den Riesen Tyrseus im Jahr 878 erschlagen und aus Reue das Kloster errichtet haben. Die gigantischen Statuen von Haymon und Tyrseus bewachen heute noch den Eingang zur Stiftskirche. Im 17. Jh. wurde der ursprünglich romanische Bau barockisiert. *Klostergasse 7 | Führungen auf Anfrage | Tel. 0512 58 30 48 | www.stift-wilten.at*

Der zweite Prunkbau ist die *Wiltener Basilika* mit der Muttergottes-Statue am Hochaltar, „Maria unter den vier Säulen". Der im Rokokostil errichtete Bau ist genau 100 Jahre jünger als die Stiftskirche.

TIROL PANORAMA (123 E6) (*d6*)
Nach längeren Bauverzögerungen ist das Museum am Bergisel 2011 eröffnet worden. Zu sehen ist das Riesenrundgemälde, das die Schlacht am Bergisel – Tiroler Schützen gegen die Bayrische Armee – zu Beginn des 19. Jhs. zeigt. Die 360-Grad-Darstellung ist einzigartig und absolut sehenswert, insgesamt gibt es weltweit nur noch zwanzig ähnlich große Exemplare. Der Münchner Maler Zeno Diemer lässt in dem 1896 fertiggestellten Gemälde auf mehr als 1000 m^2 die Schlacht vom Bergisel wieder aufleben, in der Andreas Hofer und seine Männer am 13. Au-

INNSBRUCK & UMGEBUNG

TIROLER LANDESMUSEUM FERDINANDEUM ● (U C3) (📖 c3)

Das 2003 umgebaute und modern gestaltete Landesmuseum führt von der Frühzeit Tirols im Keller bis zur modernen Kunst im dritten Stock – von römischen Funden über Reliefs des Goldenen Dachl bis zu Musikinstrumenten des berühmten Absamer Instrumentenbauers Jakob Stainer. Dazwischen finden sich Exponate aus allen Epochen, neben Arbeiten bedeutender Tiroler Künstler wie Albin Egger-Lienz sind hier auch Werke von Klimt, Schiele und Niederländern wie Breughel und Rembrandt ausgestellt. *Di–So 10–18, Do bis 21 Uhr | Museumstr. 15 | Kombiticket mit Zeughaus, Hofkirche, Volkskunstmuseum, Tirol Panorama 10 Euro | www.tiroler-landesmuseen.at*

TIROLER VOLKSKUNSTMUSEUM (U C3) (📖 c3)

Im Gebäude des ehemaligen Franziskanerklosters, das sich an Hofburg und Hofkirche unmittelbar anschließt, befindet sich eine in ganz Europa einzigartige volkskundliche Sammlung. Zu sehen ist Tiroler Volkskunst aus fünf Jahrhunderten, von der Krippenausstellung über Originalstuben aus Einschichthöfen bis zu bäuerlichen Gerätschaften. Fasnachtsfiguren, Trachten sowie Bauernmöbeln erschließen sich dem Besucher, vieles wurde bereits vor dem Ersten Welkrieg angeschafft. Dabei ist die Ausstellung keine fade Vitrinenschau, sondern lebendige und nachvollziehbare Geschichte aus allen gesellschaftlichen Schichten, vom Bauernstand über das Bürgertum bis hin zum Adel. Im Mai 2009 wurde das Haus, dessen Ursprünge im Jahr 1888 liegen, in neuem Glanz wiedereröffnet. *Tgl. 9–18 Uhr | Universitätsstr. 2 | Kombiticket mit Ferdinandeum, Zeughaus, Hofkirche, Tirol Panorama 10 Euro | www.tiroler-landesmuseen.at*

gust 1809 die bayrischen und französischen Truppen besiegten. Der Künstler brauchte für das gewaltige Werk nur drei Monate.

Der Altbau des *Kaiserjägermuseums*, das die Tiroler Militärgeschichte der vergangenen 200 Jahre behandelt, ist ein weiterer Bestandteil des Komplexes. Verbunden werden die zwei Museen durch einen unterirdischen Gang, in dem Sie die Ausstellung „Schauplatz Tirol" mit den Schwerpunkten Religion, Politik, Mensch und Natur sehen können.

Angegliedert ist auch das *Restaurant Tirol Panorama (tgl. 9–18, im Sommer Di/Do bis 20 Uhr | Tel. 0512 58 92 59 21 | www.bergisel.info | €)*, ein 🌿 Selbstbedienungsrestaurant mit Glasfassade und einer Terrasse mit tollem Blick.

Tgl. 9–17 Uhr | Bergisel 1–2 | Kombiticket mit Ferdinandeum, Zeughaus, Hofkirche, Volkskunstmuseum 10 Euro | www.tiroler-landesmuseum.at

INNSBRUCK

TRIUMPHPFORTE (U C4) (*ᗏ c4*)

1765 heiratete der Sohn von Kaiserin Maria Theresia, der spätere Kaiser Leopold II., in Innsbruck. Während der zwei Wochen dauernden Feierlichkeiten starb überraschend Maria Theresias Ehemann, Franz I. Zur Erinnerung ließ die Kaiserin diese Miniversion des Pariser Triumphbogens an der damaligen Innsbrucker Stadtgrenze erbauen. Die Südseite zeigt die Motive der Hochzeit, die nördliche die Motive des Todes. *Maria-Theresien-Str./Leopoldstr.*

ZEUGHAUS (U D–E3) (*ᗏ d3*)

Im einstigen Waffenlager von Kaiser Maximilian I. wandern Sie durch die Geschichte Tirols: von prähistorischen Funden über die Salz- und Silbergewinnung sowie die Freiheitskämpfe im 19. Jh. bis hin zum heutigen Tourismus. Im Sommer findet im großen Innenhof ein Open-Air-Kinoprogramm statt. *Di–So 9–18 Uhr | Zeughausgasse 1 | Kombiticket mit Ferdinandeum, Hofkirche, Volkskunstmuseum, Tirol Panorama 10 Euro | www.tiroler-landesmuseen.at*

ESSEN & TRINKEN

AUGUSTINER STIFTSKELLER (U C3) (*ᗏ c3*)

Riesiges Lokal, das bayerisches Bier und Tiroler Küche serviert. Mehrere Räume, ein Kellerstüberl und ein sehr schöner Gastgarten am Franziskanerplatz. *Tgl. | Stiftgasse 1 | Tel. 0512 570706 | www.stiftskeller.eu | €€*

INSIDER TIPP BURKIA (U A4) (*ᗏ a4*)

Sie lieben Wein zu einem guten Essen? Hier sind Sie richtig! Das Restaurant hat sich vom Tennisstüberl zum Feinschmeckerlokal hochgearbeitet. Es liegt außerhalb des Zentrums in Flughafennähe und gilt bei den Innsbruckern als Geheim-

tipp. Besonders empfehlenswert sind die Lammfilets. *Tgl. | Fürstenweg 22 | Tel. 0512 28 43 64 | www.burkia.at | €€*

INSIDER TIPP CHEZ NICO (U C4) (*ᗏ c4*)

Nico Curtil hat in Paris und London gearbeitet und serviert im ersten vegatarischen Restaurant der Stadt mittags Menüs zu 13,50 und abends zu 60 Euro. *Di–Fr 12–14, Mo–Sa 18.30–22 Uhr | Maria-Theresien-Str. 49 | Landhauspassage | Tel. 0650 4 51 06 24 | www.chez-nico.at*

DENGG (U C3) (*ᗏ c3*)

Vorn im Café frühstücken Sie auf gemütlichen, schwarzen Ledersofas, im hinteren Teil bietet das Restaurant mit österreichischer, asiatischer oder mediterraner Küche Abwechslung zum Tiroler Mainstream. Dazu österreichischer Wein. *So geschl. | Riesengasse 11–13 | Tel. 0512 58 23 47 | www.dengg.co.at | €€*

INSIDER TIPP KUNSTPAUSE (U C3) (*ᗏ c3*)

Feine Tiroler Küche mit dem gewissen Etwas in modernem Ambiente, dem neuen Stil des Ferdinandeums angepasst. Vor allem die Bedienung ist sehr freundlich und zuvorkommend. Günstige Mittagsmenüs. *So geschl. | Museumstr. 15 | Tel. 0512 57 20 20 | www.kunstpause.at | €€*

LICHTBLICK 🌿 (U C4) (*ᗏ c4*)

Vom 7. Stock des neuen Rathauses ist der Blick über die Stadt herrlich. Im stylishen Lokal speisen Sie trendig und phantasievoll. Tolle Weinkarte. *So geschl. | Maria-Theresien-Str. 18 | Tel. 0512 56 65 50 | www.restaurant-lichtblick.at | €€–€€€*

PAVILLON (U C3) (*ᗏ c3*)

Der gläserne Würfel vor dem Landestheater ist eines der am höchsten ausgezeichneten Restaurants in Tirol. Typisches Fusionrestaurant. *Tgl. nur abends |*

INNSBRUCK & UMGEBUNG

Rennweg 4 | Tel. 0512 90 82 88 | www. der-pavillon.at | €€€

INSIDER TIPP **TAPABAR** (U B3) (*b3*)
Cómo está? Wenn Sie gerne Ihre Spanischkenntnisse aufbessern wollen, sind Sie in der Tapabar genau richtig. Spanier und Südamerikaner servieren schwere Rotweine und pikante Häppchen, die berühmten spanischen Tapas. Jeden Abend gut besucht. *Tgl. | Innrain 2/Marktplatz | Tel. 0512 58 63 98 43 |* €

EINKAUFEN

MARKTHALLE (U B3) (*b3*)
Sie müssen nicht unbedingt etwas kaufen, allein das Bummeln über diesen mitteleuropäischen Lebensmittelbasar inklusive Bio-Angebot ist interessant. Im hinteren Teil der Markthalle findet täg-

lich vormittags ein Bauernmarkt statt. *Herzog-Siegmund-Ufer 1*

SWAROVSKI (U C3) (*c3*)
Die weltbekannte Glassteinfirma hat auch eine Filiale in der Altstadt. *Herzog-Friedrich-Str. 39*

TIROLER HEIMATWERK (U C4) (*c4*)
Hier bekommen Sie Trachten, Stickereien oder Teppiche – und zwar echt und keinen Touristenkitsch. *Meraner Str. 2 | tiroler.heimatwerk.at*

AM ABEND

360 GRAD ● (U C4) (*c4*)
Die Weinbar und Lounge heißt so wegen des absolut genialen Rundumblicks über die Stadt. Im 7. Stock des neuen Rathauses genießen Sie gehobene

Ausgefallene Küche, serviert in ebensolcher Architektur: Restaurant Pavillon

INNSBRUCK

Ehrengäste, so weit das Auge reicht: Tafel vor dem Hotel Goldener Adler

Tropfen in eleganter Umgebung. *So geschl. | Maria-Theresien-Str. 18 | Mob. 0664 8 40 65 70 50 | www.360-grad.at*

BLUE CHIP (U C4) (*c4*)
Die beste Disko der Stadt. Abtanzen zu Partysound, am Wochenende eher Hip-Hop-lastig. Ab Mitternacht füllt sich die Location, die seit 20 Jahren im Innsbrucker Nachtleben präsent ist. *Mi–Sa | Wilhelm-Greil-Str. 17 | www.chip-ibk.com*

HOFGARTENCAFÉ (U C3) (*c3*)
Abends verwandelt sich das gemütliche Café in historischer Umgebung am Rand des Hofgartens zur Kennenlernzone Nummer eins. *Rennweg 6a | www.derhofgarten.at*

LANDESTHEATER (U C3) (*c3*)
Zeitgenössische und klassische Stücke, Oper, Operette, Musical oder Tanz von September bis Juni. Auch ein spezielles Kinderangebot steht auf dem Programm. *Rennweg 2 | Tel. 0512 5 20 74 | www.landestheater.at*

TREIBHAUS (U C3) (*c3*)
Das gemütliche Café ist seit Jahrzehnten ein Dauerbrenner im studentischen Innsbruck. In den Sälen sowie im Turm gibt es laufend Veranstaltungen, etwa Salsa-Tanz und Kleinkunst. *Angerzellgasse 8 | Tel. 0512 57 20 00 | www.treibhaus.at*

ÜBERNACHTEN

BASIC HOTEL (U B4) (*b4*)
Stylish eingerichtetes neues Hotel, zentral gelegen, mit 24 Stunden Check-In am Automaten, Frühstück gibt es in der hausinternen Bäckerei Stefan's. Doppelzimmer ab 95 Euro. *23 Zi. | Innrain 16 | Tel. 0512 58 63 85 | www.basic-hotel.at | €€*

BINDERS (U E4) (*e4*)
Lustiges kleines Hotel, peppig und modern, auch wenn es schon ein paar Jahre auf dem Buckel hat. Der Wellnessbereich kostet 9 Euro extra. Leider nicht zentrumsnah. *50 Zi. | Dr.-Glatz-Str. 20 | Tel. 0512 3 34 36 | www.binders.at | €€*

INNSBRUCK & UMGEBUNG

INSIDER TIPP ▶ CONGRESS ☼
(U C2) (⚲ c2)
Neben dem Penz das modernste Hotel Innsbrucks, mit tollem Ausblick, freundlichem Service, gemütlichem Wellnessbereich und schlichtem Schick. Wenn gerade wenig los ist, ergattern Sie den Luxus zum Schnäppchenpreis. *106 Zi. | Rennweg 12a | Tel. 0512 2 11 50 | www.austriatrend.at/chi | €€€*

GOLDENER ADLER (U C3) (⚲ c3)
Das Haus wurde bereits 1390 gebaut, auf der Marmortafel neben dem Eingang sind die Dichter und Lenker verzeichnet, die dieses Hotel beehrten. Die Zimmer im Tiroler Stil sind nach ihnen benannt. Im Eckzimmer im 2. Stock residierte einst Andreas Hofer, gegenüber war Goethe zu Gast. *37 Zi. | Herzog-Friedrich-Str. 6 | Tel. 0512 57 11 11 | www.bestwestern.at/goldeneradler | €€€*

INSIDER TIPP ▶ SCHWARZER BÄR
(U B3) (⚲ b3)
Kleines, familiäres und neu renoviertes Hotel mit schönen, geräumigen Zimmern, teils mit Blick über den Inn. Gute Lage direkt gegenüber der Altstadt. *10 Zi. | Mariahilfstr. 16 | Tel. 0512 29 49 00 | www.cityhotel.cc | €€*

AUSKUNFT

INNSBRUCK TOURISMUS
(U C3) (⚲ c3–4)
Burggraben 3 | Tel. 0512 5 98 50 | www.innsbruck.info

ZIELE IN DER UMGEBUNG

IGLS (123 E6) (⚲ J4)
Der ruhige Ort (6 km von Innsbruck, 2000 Ew.) liegt am Fuß des Patscherkofels auf einem Sonnenplateau. Er gilt als Nobelviertel Innsbrucks, ist ein beliebtes Tourismusgebiet, Ausgangspunkt für Wanderungen und Golfertreffpunkt. Auf der Bobbahn der Olympischen Spiele hielt Stefan Raab schon seine Wok-WM ab. Igls ist die Endstation der Innsbrucker Straßenbahnlinie 6.

1 km von Igls entfernt liegt der Ort *Lans* mit dem wahrscheinlich besten Wirtshaus, das man in Tirol finden kann: dem *Wilden Mann* (tgl. 11–23 Uhr | Römerstr. 12 | Tel. 0512 37 96 96 | www.wildermann-lans.at | €€).

NATTERER SEE (123 E6) (⚲ H4)
Das Moorwasser des malerischen kleinen Badesees (850 m, 9 km von Innsbruck) hat eine sehr gute Qualität. Nur mit dem Auto erreichbar (am Ortsanfang von Natters ausgeschildert), mit kleinem Campingplatz.

FULPMES & DAS STUBAITAL

(131 E1–2) (⚲ H5) **Das 30 km lange, enge Stubaital, das von Schönberg bis Neustift in den Stubaier Alpen verläuft, ist durch eine Straßenbahn mit Innsbruck verbunden.**

Die Bahn hat zwar durch die neue Ausstattung etwas an Nostalgie verloren, schraubt sich aber genau wie vor 100 Jahren von Wilten über Natters bis nach *Fulpmes* (4200 Ew.). Neustift ist dank des Stubaier Gletschers der größere Tourismusort, Hauptort aber war immer Fulpmes am Fuß der mächtigen Serles. Es hat seinen dörflichen Charakter bis heute bewahrt.

Im Sommer wirkt das Stubaital eher gemütlich, im Winter dagegen ist in den Skigebieten umso mehr los.

43

FULPMES & DAS STUBAITAL

SEHENSWERTES

INSIDER TIPP KRIPPENMUSEUM

In ganz Österreich gibt es keine größere Sammlung von Krippen. *Mi–So 10–12, 14–18 Uhr | Bahnstr. 11 | Eintritt 4,80 Euro, Kombiticket mit Puppenmuseum 6 Euro | www.krippenmuseum.at*

NEUSTIFT IM STUBAITAL

Durch den Tourismus erfuhr das ehemalige Bauerndorf (4500 Ew.) einen unglaublichen Aufschwung: Hotel reiht sich an Hotel – aber man blieb dem Tiroler Stil treu. Die *Pfarrkirche Sankt Georg* (1780) mit ihrem 52 m hohen Turm ist weithin sichtbares Wahrzeichen. Die Rokoko-Kirche ist innen mit prächtigen Fresken verziert. Eines der größten und besten Hotels ist das ☺ *Sporthotel Neustift (67 Zi. | Moos 7 | Tel. 05226 25 10 | www.sporthotelneustift.at | €€€)* mit Wellnessbereich und Bioküche. *www.neustift.at*

PUPPENMUSEUM

Viele Porzellan-, Stoff oder Plastikpuppen mit kunstvollen Kleidern, liebevoll restauriert. *Di–So 10–19 Uhr | Dr. Schwambergerstr. 3 | Eintritt 3,60 Euro, Kombiticket mit Krippenmuseum 6 Euro*

SCHMIEDEMUSEUM

Bis ins 16. Jh. wurde in der Schlick, heute ein Skigebiet, Eisenerz abgebaut. Originalwerkzeuge, die man noch im 19. Jh. benutzte, sind zu sehen. *Im Sommer Mi 14–17 Uhr, im Winter nur auf Anfrage | Fachschulgasse 4 | Eintritt 2 Euro | Tel. 05225 69 60 24*

ESSEN & TRINKEN

INSIDER TIPP GASTHOF JENEWEIN

Im ganzen Stubaital finden Sie kaum ein besseres Restaurant. Tiroler Gasthof, mit sehr viel Stil ohne Kitsch eingerichtet. Die Chefin kocht, serviert wird verfeinerte traditionelle Küche. *Di geschl. | Herrengasse 17 | Tel. 05225 6 22 91 | www.gasthofjenewein.at | €*

FREIZEIT & SPORT

ADVENTURE PARK

Riesiger Hochseilgarten mit jeder Menge Netzen, Seil- und Holzbrücken, die Kletterer in schwindelerregende Höhen bringen. *April–Okt. tgl. | Fulpmes | Eintritt 22 Euro | Tel. 0664 8 64 49 44 | www.outdoorprofi.at*

MOUNTAINBIKEN

Biker können insgesamt 240 km ausgeschilderte Routen, von der Talrunde fast ohne Steigung bis zu einer Fahrt auf die Pfurtschellhöfe über 2700 Höhenmeter, unter die Reifen nehmen. *Infos unter www.stubaiken.at oder in allen Tourismusbüros*

STUBAIER HÖHENWEG

Der Wanderweg führt entlang einer einmaligen Bergkulisse in mehreren Etappen von Hütte zu Hütte. *Infos und Karten unter www.stubaier-hoehenweg.at und in den Tourismusbüros*

ÜBERNACHTEN

INSIDER TIPP HOTEL OBERHOFER ●

Von hier aus überblicken Sie das ganze Tal. Das Haus stammt zwar aus den 1960er-Jahren, aber so, wie es damals schon seiner Zeit weit voraus war, so modern ist es auch heute noch. Das Hotel ist voll und ganz auf Relaxen ausgelegt, Kinder unter 14 Jahren sind nicht erwünscht. Geboten wird eine ausgezeichnete Tiroler Küche, prämiert mit zwei Gault-Millau-Hauben und obendrein zur drittbesten Hotelküche ganz Österreichs gewählt.

44   www.marcopolo.de/tirol

INNSBRUCK & UMGEBUNG

25 Zi. | Kapfers 23 | Telfes im Stubai | Tel. 05225 6 26 72 | www.hotel-oberhofer.at | €€

AUSKUNFT

TOURISMUSVERBAND STUBAI
Bahnstr. 17 | Fulpmes | Tel. 0501 88 12 00 | www.stubai.at

ZIELE IN DER UMGEBUNG

MATREI AM BRENNER (131 F2) (*J5*)
Die Häuser auf der Brennerstraße im Hauptort des Wipptals (16 km von Fulpmes, 1000 Ew.) sind mit opulenten Fassadenmalereien versehen. Leider verstopfen „Mautflüchtlinge" auf dem Weg in den Süden noch immer die Hauptstraße. Bei Matrei zweigt die Straße ab in den höchstgelegenen Wallfahrtsort Tirols, *Maria Waldrast*. Vor dem *Klostergasthof (tgl. | Tel. 05273 62 19 | www.tiscover.at/maria-waldrast | €)* liegt eine Terrasse, auf der Sie bei Kaffee und selbst gebackenem Kuchen die Sonne genießen können.

OBERNBERG AM BRENNER
(131 E3) (*J6*)
Die kleine Ortschaft im gleichnamigen Seitental des Wipptals (31 km von Fulpmes, 400 Ew.) hat die letzten Jahrhunderte alles in allem ziemlich verschlafen. Ganz hinten im Tal jedoch, am Fuß der mächtigen Tribulaungruppe, liegt der Obernberger See, ein beliebtes wie schönes Wander- und Ausflugsziel. In einer alten Mühle führt dort der Müller vor, wie man früher Korn zu Mehl verarbeitete *(Vorführungen Do 17–18 Uhr od. nach Voranmeldung | Tel. 05274 8 75 34)*.

Endlich ist der Schnee geschmolzen: Der Frühling kommt nach Obernberg

HALL

(123 F5) (*J4*) **Die ehemalige heimliche Hauptstadt des Landes ist heute wohl eine der schönsten mittelalterlichen Städte Österreichs.**
Wie alle Städte, die den alten keltischen Namen für Salz – Hal – in sich tragen, ist auch *Hall* (12 700 Ew.) bekannt für seine reichen Salzvorkommen. Seit dem 13. Jh. wurde im Halltal das weiße Gold abgebaut, die Stadt entwickelte sich zu einem

45

HALL

wichtigen Handelszentrum, lange bevor Innsbruck an Bedeutung gewann. Die Habsburger ließen hier ab 1477 ihren berühmten Haller Taler prägen, der bis zu Beginn des 19. Jhs. in ganz Europa in Gebrauch war. *www.hall-wattens.at*

MÜNZE HALL
Die europäische Münzgeschichte wird hier chronologisch rückwärts erzählt – von der modernen 25-Euro-Sondermünze bis zum ersten Haller Guldiner. Vom ☀ *Münzerturm* genießen Sie ei-

Traumkulisse für Zeitreisen ins Mittelalter: die Altstadtgassen von Hall

SEHENSWERTES

ALTSTADT HALL ★
Einzelhandels- und Handwerksläden in engen Kopfsteinstraßen charakterisieren die mittelalterliche Stadt. *Stadtführungen (Mo, Do, Sa 10 Uhr ca. 1 Std. | 6 Euro | Kombiführung Altstadt u. Bergbaumuseum Mi 17 Uhr | 7,50 Euro | Treffpunkt: Tourismusinformation, Wallpachgasse 5)* Weiteres Angebot an Führungen unter: *www.hall-fuehrungen.at Treffpunkt: Unterer Stadtplatz 5 | vor dem Gasthof „Goldener Engl"*

BERGBAUMUSEUM
Ein nachgebauter Stollen des 1967 stillgelegten Salzbergwerks lässt die Schufterei im dunklen Erdinneren erahnen. *Führungen Mo, Do, Sa 11.30 Uhr | Fürstengasse 1 | 3,50 Euro | Tel. 05223 45 54 40*

nen herrlichen Blick über die Haller Altstadt. *April–Okt. Di–So 10–17, Nov.–März Di–Sa 10–17 Uhr | Burg Hasegg 6 | Münze 6, Turm 4, Kombi 8 Euro, Führung mit Audioguide | www.muenze-hall.at*

PFARRKIRCHE SANKT NIKOLAUS
Hoch droben auf den Zinnen wacht der hl. Nikolaus, dem die spätgotische Hallenkirche (15. Jh.) geweiht ist. Das Innere der Kirche wurde im üppigen Barock gebaut. Die zweigeschossige *Magdalenenkapelle* hinter der Kirche stammt aus dem Jahr 1280. *Obere Stadtplatz*

ESSEN & TRINKEN

INSIDER TIPP ▶ BAR CENTRALE
Gute Weine und italienisches Essen genießen Sie in diesem gemütlichen Lokal, mitten in der Altstadt. Abends unbedingt

INNSBRUCK & UMGEBUNG

reservieren, da oft sehr gut besucht. *So geschl. | Schlossergasse 1 | Tel. 05223 5 60 55 | €€*

NEUE GUFL ☺

Ein absoluter Geheimtipp auf 1337 m Höhe, erreichbar über eine kurvige Bergstraße. ☼ Von der Terrasse haben Sie einen einmaligen Ausblick, auf den Tisch kommt gehobene heimische Küche, natürlich überwiegend Bio in höchster Qualität. Dazu wird Wein aus der hauseigenen Vinothek kredenzt. Was will man mehr? *Mo, Di geschl. | Tulferberg 51 | Tulfes | Tel. 05223 7 81 86 | www.panoramagasthaus.at | €€*

EINKAUFEN

HALLER BAUERNMARKT ☺

Ganz viel frisches Gemüse, Obst, Käse, Speck und lecker selbstgemachtes Brot direkt vom (Bio-)Bauern können Sie hier kosten und natürlich auch kaufen. *Sa 9–13 Uhr | Oberer Stadtplatz | www.hall-in-tirol.at/336.html*

TUXERBAUER TULFES ☺

Mit dem Auto nur 10 Minuten von Hall entfernt, steht in Tulfes der Bauernhof, auf dem Sie preisgekrönte, selbst gebrannte Schnäpse, jede Menge Würste, Käse und Brot nach Herzenslust probieren und natürlich auch erwerben können. Außerdem gibt es Biofleisch von Rind, Kalb und Schwein. Hereinspaziert: einfach an der Tür läuten. *Schmalzgasse 6 | Tel. 05223 7 83 07 | www.hall-wattens.at/de/info/tuxerbauer.html*

AUSKUNFT

TOURISMUSVERBAND REGION HALL-WATTENS

Wallpachgasse 5 | Hall | Tel. 05223 45 54 40 | www.regionhall.at

ÜBERNACHTEN

GOLDENER ENGL

Das Hotel war einst Teil der Stadtmauer und steht heute unter Denkmalschutz. Große Betten, sehr geräumige Zimmer, angenehmer Komfort. Wer Dachschrägen mag, sollte INSIDER TIPP unbedingt nach Zimmer 501 fragen! *18 Zi. | Unterer Stadtplatz 5 | Tel. 05223 5 46 21 | www.goldener-engl.at | €€€*

INSIDER TIPP RUMER HOF

Mussolini hat vor mehr als 100 Jahren als Maurer an diesem Hotel mitgearbeitet. *70 Zi. | Bundesstr. 11 | Rum | Tel. 0512 26 22 15 | www.rumerhof.at | €€*

ZIELE IN DER UMGEBUNG

INSIDER TIPP HINTERHORNALM ☼

(124 A5) (*J–K4*)

Am Ortsanfang von Gnadenwald (9 km von Hall) zweigt links eine Mautstraße (*4,50 Euro*) ab. Zahlreiche Serpentinen führen auf die 1520 m hoch gelegene, urige Alm. Die Kinder streicheln Lamas, Esel und Ziegen, während Sie bei Deftigem den atemberaubenden Ausblick auf das Inntal genießen. *Mai–Nov. tgl. ab 10 Uhr | Mob. 0664 2 11 27 45*

KRISTALLWELTEN ★ ●

(124 A5) (*K4*)

Nahe dem Swarovski-Hauptwerk liegt in *Wattens* (10 km von Hall) die zweitgrößte Touristenattraktion Österreichs nach Schloss Schönbrunn in Wien. Durch den Schlund eines Wasser speienden Riesen betreten Sie die von André Heller erdachte, magische Welt, in der neben Klang- und Farbinstallationen Werke von Picasso, Miró, Dalí oder Warhol die Besucher verzaubern. *Tgl. 9–18.30 Uhr | Kristallweltenstr. 1 | Eintritt 11 Euro | kristallwelten.swarovski.com*

47

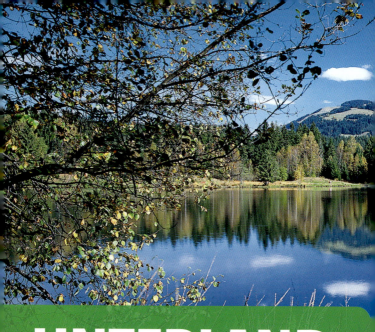

UNTERLAND

Im Tiroler Unterland, von Innsbruck Richtung Osten, öffnet sich das Tal. Die Menschen, so heißt es, haben hier ein sonnigeres Naturell als im Oberland. Wenn Ihnen schroffe Felsen nicht so liegen, sind Sie hier besser aufgehoben als im engen Oberland. Einige der ältesten und früher bedeutendsten Städte Tirols liegen entlang des unteren Inntals, etwa Schwaz und Kufstein, und wichtige Wintersportzentren wie das Zillertal oder Kitzbühel.

KITZBÜHEL

(126 A–B3) (*O3*) **Das Städtchen Kitzbühel (8600 Ew.) wird jeden Winter zum Treffpunkt der High Society. Vor allem rund um das Hahnenkammrennen kommt alles, was Rang und Namen hat.** Im Sommer ist die Atmosphäre im Ort nicht ganz so nobel. Aber wenn Sie in den angenehmen Gassencafés in der Altstadt sitzen, sind Sie umgeben von fein herausgeputzten Herrenhäusern.

SEHENSWERTES

ALPENHAUS ✼
Die wunderbare Aussicht auf Kitzbühel können Sie hier nur im Pulk genießen. Auch das Restaurant hat nichts mehr von einem Idyll. Spazieren Sie lieber bis zum ruhigen *Kitzbüheler Horn (30 Min.)*. Außerdem werden Sie kaum irgendwo anders einfacher ein Foto von sich neben einem Gipfelkreuz (2000 m) schießen

Bild: Schwarzsee mit Kitzbüheler Horn

High Society und Alpinsport vom Feinsten: Die einst wichtigste Bergbauregion Europas hat auch heute noch viel zu bieten

können. Direkt zum Alpenhaus *(www.alpenhaus.at)* kommen Sie von Kitzbühel über die *Panoramastraße (ausgeschildert | ca. 7,5 km)* oder mit der *Hornbahn (tgl. 8.30–17 Uhr | 16,20 Euro | Hornweg 23a | Tel. 05356 6 28 57 | www.kitzbuehelerhorn.com/hornbahn.htm)*.

KIRCHEN

Das ursprünglichste der Gotteshäuser in Kitzbühel ist die gotische *Katharinenkirche* (1365), versteckt zwischen Hotels und Geschäften. Täglich um 11 und 17 Uhr erklingt ihr Glockenspiel. Wichtiger für die Kitzbüheler waren die größeren Kirchen, die Straße hinunter: die *Liebfrauenkirche* (14. Jh.), die durch ihren wuchtigen Wehrturm auffällt, und die spätgotische *Stadtpfarrkirche Sankt Andreas* (14. Jh.). Am Fuß der Treppen liegt der leicht zu übersehende Eingang der kleinen *Spitalskirche* (1412).

MUSEUM KITZBÜHEL

Anders als andere Heimatmuseen ist dieses ein modern gestaltetes Haus.

KITZBÜHEL

Die Kitzbüheler Altstadt hat sich feingemacht für ihre Gäste

Besonders sehenswert sind die Werke des lokalen Malers Alfons Walde. *Juli–Sept.: Mi–Fr 10–17, Do 10–20, Okt. Di–Fr 10–13, Sa 10–17 Uhr, Nov. nur für Gruppen auf Anfrage, ab 30. Nov.: Di–So 14–18, Do 14–20, Sa 10–18 Uhr | Hinterstadt 32 | Eintritt 6 Euro | www.museum-kitzbuehel.at*

ESSEN & TRINKEN

INSIDER TIPP HUBERBRÄU

Eigentlich ein Einheimischentreff, wohl auch, weil die wohltuende Schlichtheit nicht ganz zum üblichen Kitzbüheler Prunk passt. Günstige, bodenständige und sehr gute Küche. *Tgl. 8–24 Uhr | Vorderstadt 18 | Tel. 05356 6 56 77 | €*

SCHWEDENKAPELLE

Die Winkler-Buben sind von Söll nach Kitzbühel übersiedelt und haben dieses Haus übernommen und sind auch gleich ausgezeichnet worden. Die Karte ist klein und bodenständig und mit viel Liebe zum Detail. *Mi–So 11.30–21 Uhr | Kitzbühel | Tel. 05356 6 58 70 | www.schwedenkapelle.com | €€€*

ZUM REHKITZ

Uriges Bauernhaus (16. Jh.), die Speisekarte ist typisch tirolerisch, Spezialität: Schlutzkrapfen. *Hauptsaison tgl. 10–24 Uhr, sonst Mi geschl. | Am Rehbühel 30 | Tel. 05356 6 61 20 | www.rehkitz.at | €€*

EINKAUFEN

Die Kitzbüheler Innenstadt hat vor allem Boutiquen für ihr gehobenes Publikum zu ebensolchen Preisen zu bieten. In den Touristengeschäften findet sich oft überteuerte Ware.

UNTERLAND

FREIZEIT & SPORT

GOLF

Gleich vier Golfplätze liegen rund um Kitzbühel, etwa der *Golf Club Schwarzsee (Schwarzsee 35 | Tel. 05356 7 77 70 | www.golf-schwarzsee.at)* oder der *Golfclub Eichenheim (Eichenheim 8 | Tel. 05356 6 66 15 | www.eichenheim.at)*.

SPORTPARK ●

Eislaufen, Curling, Klettern und Tennis – alles auf 10 000 m² unter einem Dach. *Sportfeld 1 | Tel. 05356 2 02 22 | www.sportpark.kitz.net*

WANDERN

Mehr als 500 km Wanderwege locken Sie auf die Berge. Besonders beliebt ist die Wanderung auf die ☙ *Kelchalm (ca. 4 Std.)* mit einem einmaligen Ausblick auf die umliegenden Berge. Oder über die berühmteste Ski-Abfahrtsstrecke der Welt, die *Streif*, wo die Schlüsselstellen der Abfahrt mit Toren gekennzeichnet sind.

AM ABEND

THE LONDONER

Schon seit 30 Jahren ist dieses original englische Pub im Ort ein Garant für viel gute Stimmung und leckeres Bier. *Tgl. | Franz-Reisch-Str. 4 | Tel. 05356 7 14 28 | www.thelondoner.at*

ÜBERNACHTEN

KITZHOF

Das Haus vereint stilvoll Tradition und Moderne. In den 164 Zimmern dominieren Holz, Glas, Loden sowie moderne Möbel. Im Wellnessbereich dürfen die Gäste zusätzlich entspannen. *Schwarzseestr. 8–10 | Tel. 05356 63 21 10 | www.hotel-kitzhof.com | €€€*

HOTEL TIEFENBRUNNER

Die Zimmer sind teilweise mit Himmelbetten ausgestattet. Vom neuen Indoor-Pool haben Sie einen einmaligen Ausblick durch das ☙ Panoramafenster auf die Berge. *76 Zi. | Vorderstadt 3 | Tel. 05356 6 66 80 | www.hotel-tiefenbrunner.at | €€–€€€*

AUSKUNFT

KITZBÜHEL TOURISMUS

Hinterstadt 18 | Tel. 05356 66 60 | www.kitzbuehel.com

ZIELE IN DER UMGEBUNG

BRIXENTAL

(125 –126 E–A3) *(𝄞 M–O2)*

Die Orte *Brixen*, *Hopfgarten*, *Kirchberg* und *Westendorf* liegen in der 30 km langen Verbindung zwischen Kitzbühel und

---

MARCO POLO HIGHLIGHTS

⭐ **Festung Kufstein**
Gewaltige Burg mit der größten Freiorgel der Welt → S. 52

⭐ **Achensee-Zahnradbahn**
Die dampfbetriebene Zahnradbahn ist die netteste Art, Tirol zu erleben → S. 58

⭐ **Rattenberg**
Kleinste Stadt Österreichs – bezauberndste Stadt Tirols mit mittelalterlichem Kern → S. 59

⭐ **Schwazer Silberbergwerk**
Spannung unter Tage → S. 60

⭐ **Sankt Georgenberg**
Ältester Wallfahrtsort Österreichs → S. 61

KUFSTEIN

Wörgl. Das Brixental ist durch seine Weitläufigkeit und Lage entlang der Kitzbüheler Alpen eines der schönsten Täler Tirols. Mit seinen Gipfeln, die selten mehr als 2000 m erreichen, ist das Tal perfekt für Berganfänger.

Das beste Restaurant im Tal ist der *Rosengarten (Di u. Mi geschl. | Aschauerstr. 46 | Kirchberg | Reservierung erforderlich | Tel. 05357 2527 | www.rosengarten-taxacher.com | €€€)*. Der Haubenkoch serviert tolle französisch-mediterrane Kost. Der Ort *Hopfgarten an der Hohen Salve* (1829 m) überrascht mit einem schönen historischen Ortskern. Alljährlich findet hier im August ein Kammermusikfest statt *(www.kammermusikfest.net)*.

SCHWARZSEE 🌿 (126 A3) (🗺 O3)

3 km von der Gamstadt entfernt liegt der Schwarzsee, ein warmer Moorsee mitten im Wald. Hier genießen Sie ein herrliches Bad und einen einmaligen Ausblick auf den Wilden Kaiser.

KUFSTEIN

(125 E2) (🗺 N1–2) **Mächtig thront die gleichnamige Festung über Kufstein, der zweitgrößten Stadt Tirols (18 000 Ew.).**

Eine Fachhochschule macht Kufstein zur zweiten Tiroler Universitätsstadt. Jugendliches Flair und die für eine Studentenstadt typische Barszene fehlen allerdings (noch). Zwischen schönen Bürgerhäusern im Stadtzentrum und der Römerhofstraße mit den bunt bemalten Fassaden geht es eher ruhig und gemütlich zu.

SEHENSWERTES

FESTUNG KUFSTEIN ⭐ 🔵 🌿

Kaiser Maximilian eroberte 1504 die damals 300 Jahre alte Burg und baute sie aus. Mit dem Schrägaufzug oder zu Fuß kommen Sie hinauf zum 26 000 m² großen Areal. Dort beschreibt das *Heimatmuseum* u. a. die Rolle der Festung im Ersten Weltkrieg. Im *Kaiserturm*, dem ehemaligen Gefängnis, sehen Sie die bedrückenden Zellen. Besonders schön ist die *Heldenorgel*, mit 4300 Pfeifen und 36 Registern die größte Freiorgel der Welt. Täglich kurz nach 12 Uhr wird sie gespielt, zum Gedenken an die Gefallenen des Ersten Weltkriegs. *März–Okt. tgl. 9–18, Nov.–April 10–17 Uhr | Eintritt 11 Euro | www.festung.kufstein.at*

HECHTSEE

Der Hechtsee, einer der wärmsten Badeseen Tirols, ist eingerahmt von einem herrlichen Bergpanorama. Er liegt am Fuß des 🌿 *Thierbergs (www.thierberg.at)*, auf dem eine 🔵 *Burg (tgl. 8–18 Uhr | Eintritt frei)* aus dem 13. Jh. thront. Im Turm ist ein kleines Museum der Thierberger Schützen untergebracht. Der Ausblick aus 720 m Höhe ist gigantisch.

NÄHMASCHINENMUSEUM 🔵

Ein kleines Museum erinnert an den Erfinder der Nähmaschine, Josef Madersperger. Hier, in seinem Geburtshaus, erfahren Sie, warum der verkannte Kufsteiner seine technische Errungenschaft am Ende verschenken musste. *Tgl. 10–17 Uhr | Kinkstr. 16 | Eintritt freiwillige Spende*

RÖMERHOFGASSE

Die Gasse mit den kunstvollen Malereien auf den Fassaden ist der schönste Teil der Kufsteiner Altstadt. Quer über die Straße verbindet ein Bogen zwei Häuser miteinander. Er gehört zum Hotel *Auracher Löchl (30 Zi. | Tel. 05372 62138 | www.auracher-loechl.at | €€)*, das auch ein berühmtes Gasthaus *(tgl. 11–23 Uhr | Römerhofgasse 3–5 | Tel. 05372 62138 |*

UNTERLAND

€€) ist. In dem über 500 Jahre alten Haus mit Holzvertäfelungen erdachte Karl Ganzer 1947 das Kufsteinlied.

ESSEN & TRINKEN

BATZENHÄUSL
Der Wirt mit seinem Schmäh ist ein Unikat in diesem urigen Lokal. Was sonst kann es in Kufsteins ältestem Weinhaus geben außer typischen Tiroler Speisen? *So/Mo geschl. | Römerhofgasse 1 | Tel. 05372 6 24 33 | €*

INSIDER TIPP **THEATERHÜTTE** 🌿
Das Gasthaus steht auf einem Plateau, von der Terrasse haben Sie einen einmaligen Blick durch ein kleines Tal auf die Festung. Es wird österreichische Küche serviert, die mit interessanten Kreationen verfeinert wird. *Di geschl. | Obere Sparchen 5 | Tel. 05372 6 45 19 | www.facebook.com/TheaterhuetteKufstein | €€*

EINKAUFEN

GLASHÜTTE RIEDEL
Hier sehen Sie, wie die exklusiven Riedel-Gläser hergestellt werden. *Mo–Fr 9–18, Sa 9–17 Uhr | Weissachstr. 28–34 | Tel. 05372 6 48 96 | www.riedel.com*

FREIZEIT & SPORT

ADVENTURE CLUB KAISERWINKL
Flusswander- und Raftingtouren auf der *Kössener Ache. Hüttfeldstr. 65a | Kössen | Tel. 05375 26 07 | www.ack-koessen.at.*

KLETTERSKULPTUR KRAFTWERK KUFSTEIN (125 E2) (ⅅ N1–2)
Auf der B 171 neben dem Innkraftwerk Kufstein/Langkampfen befindet sich eine 20 m hohe, schräg anmutende Skulptur. Sie ist eine der schönsten Outdoor-Kletteranlagen in Tirol, kostenlos benutzbar und bis 22 Uhr beleuchtet.

An der Festung Kufstein kam – und kommt – so leicht keiner vorbei

KUFSTEIN

WANDERN

Schönes Wandergebiet ist das INSIDER TIPP *Kaisertal* (125 F1) (*N1*) bei Ebbs, die letzte autofreie Region Tirols. Sie kommen über 285 Stufen in das Tal. Das Kaisertal trennt den Zahmen vom Wilden Kaiser. Der leicht begehbare Wanderweg führt direkt am Kaiserbach entlang bis zum Hans-Berger-Haus beim Talschluss. Die spektakulären Felswände sind ein besonders beliebtes Foto-Motiv.

Innsbrucker Str. 112 | Wörgl | Tageskarte 12,85 Euro | Tel. 05332 77 73 30 | www.woerglerwasserwelt.at

ÜBERNACHTEN

ALPENROSE
22 geräumige, geschmackvoll eingerichtete Zimmer. *Weißacher Str. 47 | Tel. 05372 6 21 22 | www.bestwestern.at/alpenrose | €€*

Die einzig wahre Art, das Kaisertal zu besuchen: zu Fuß und mit dem Rucksack

WAVE WÖRGLER WASSERWELTEN ●
(125 D–E3) (*M2*)
Das größte Erlebnisbad Tirols (13 km von Kufstein), mit Wellenbecken, Solebad, riesigem Saunabereich und der weltweit einzigen Wasserrutsche mit Doppellooping – Fliehkräfte wie in einem Düsenjet (ab 14 Jahre)! Je heißer es wird, desto mehr rentiert sich der Besuch: es gibt einen INSIDER TIPP *temperaturabhängigen Hitzerabatt Tgl. 10–22 Uhr |*

AUSKUNFT

FERIENLAND KUFSTEIN
Unterer Stadtplatz 8 | Tel. 05372 6 22 07 | www.kufstein.com

ZIELE IN DER UMGEBUNG

EBBS (125 F1) (*N1*)
Seit 1947 besteht der ● *Fohlenhof Ebbs* (Tgl. 9–17 Uhr | Schlossallee 31 | Besich-

tigung 6 Euro | Haflingershow 13 Euro | www.haflinger-tirol.com | 8 km), die wichtigste Haflinger-Zucht der Welt. Sie können reiten lernen oder in der Kutsche fahren. Im Sommer findet jeden Freitagabend eine Gestütsparade statt. Im Museum stehen alte Kutschen und Wagen. Nicht weit vom Gestüt liegt der `INSIDER TIPP` *Raritätenzoo Ebbs* (Ostern–Okt. tgl. 9–18 Uhr | Kurckweg 20 | Eintritt 6,80 Euro | www.raritaetenzoo. at). 500 exotische Tiere leben hier auf 20 000 m², Highlight sind die frechen Berberaffen. Der Kinderbauernhof bietet den Kleinen die Möglichkeit, die Tiere zu streicheln.

WALLFAHRTSKIRCHE MARIASTEIN 🌿
(125 D2) (𝄞 M2)

Der 42 m hohe Bergfried (Burgturm) ragt zwischen Wörgl und Kufstein (13 km) steil nach oben. 150 Stufen müssen Sie emporsteigen, um zur *Gnadenkapelle* zu gelangen. Dort hängt das berühmte gotische Muttergottesbild, das Wallfahrer aus dem deutschsprachigen Raum anlockt. Im unteren Teil können Sie das *Schlossmuseum (tgl. 9–17 Uhr)* besuchen, mit seinen Tiroler Landesinsignien: Zepter und Erzherzogshut.

WILDSCHÖNAU 🌿
(125 D–E 3–4) (𝄞 M–N 2–3)

In der Nähe von Wörgl (25 km) befindet sich dieses 24 km lange, beschauliche Tal mit mehrere Weilern, vier Kirchdörfern und mehr als 250 Bergbauernhöfen. Hier gehören Ihnen beim Wandern die Kitzbüheler Alpen noch ganz alleine. Rustikal und gemütlich wohnen Sie in einer der elf Blockhütten im *Almdorf Wildschönau (Niederau 168 | Mob. 0664 3 00 60 81 | www.almdorf.biz | €–€€)*. Es handelt sich hier um eine schöne Bungalow-Anlage mit Pool, Sauna und einer Grillhütte.

UNTERLAND

MAYRHOFEN & ZILLERTAL

(124 C4–6) (𝄞 L3–5) **Das Zillertal ist eines der beliebtesten Ziele Tirols: im Winter eines der größten Skisportgebiete, im Sommer perfekt für Familien.** Früher kam man nur mit der dampfgetriebenen Zillertalbahn von Jenbach aus schnell ins Tal. Mittlerweile fährt auf den alten Schmalspurgleisen auch eine moderne Version – die trotz der Schnellstraße nach wie vor häufig genutzt wird. Die saftigen Wiesen auf den flacheren Hängen im vorderen Tal sind ideal zum Wandern. *Mayrhofen* (3800 Ew.), malerisch gelegen zwischen den Dreitausendern der Zillertaler und Tuxer Alpen, ist der wichtigste Tourismusort des Tals und Endpunkt der 32 km langen Zillertalbahn.

SEHENSWERTES

ERLEBNISSENNEREI MAYRHOFEN ●
Hier erfahren Sie bei Führungen, wer die Löcher in den Käse bohrt. Und an-

LOW BUDG€T

▶ Im Zentrum von Reith im Alpbachtal liegt einer der kleinsten Badeseen Tirols: große Liegewiese und viel Platz zum Spielen und Planschen. *3 Euro, Kinder bis 10 J. gratis | Dorf 33*

▶ Mit der Kitzbüheler *Alpen Sommer Card* benutzen Sie 29 Lifte rund um Kitzbühel und sparen mehr als die Hälfte des Normalpreises. *3- bis 7-Tage-Pass ab 39,50 Euro | erhältlich bei den Bergbahnen*

MAYRHOFEN & ZILLERTAL

schließend können Sie sieben verschiedene Sorten des würzigen Zillertaler Käses kosten. *Tgl. 10–15 Uhr | Hollenzen 116 | Eintritt 11,90 Euro (inkl. Verkostung) | Tel. 05285 63 90 60 | www.sennerei-zillertal.at*

FÜGEN (124 C5) (*m* L4)
Fügen (3600 Ew.), malerischer Ort mit viel Party im Winter, war durch seinen Bergbau einst der wichtigste Ort im Zillertal. Die Stollen auf 1800 m besichtigen Sie im *Goldschaubergwerk Spieljoch (So–Fr 9–12 Uhr | Eintritt 6,50 Euro)*: Von der Bergstation wandern Sie etwa 30 Min. über den Knappensteig, mit einer alten Grubenbahn geht's dann in den Berg.

SCHLEGEISSPEICHER (132 B3) (*m* K6)
Der Stausee (1800 m) ist Ausgangspunkt für zahlreiche Wanderungen. Von *Ginzling* führt die 13 km lange, malerische Schlegeisalpenstraße vorbei an Wasserfällen und durch vier Natursteintunnels *(Maut 12 Euro)*. Multimediashow zur Staudammtechnik im Inneren der 131 m hohen und 725 m langen Staumauer. Im Juli wird sie zur Bungeejump-Rampe. *www.tauerntouristik.at*

TUXERTAL (132 B–C 1–2) (*m* K–L5)
Der *Hintertuxer Gletscher* ist das einzige Ganzjahresskigebiet Österreichs. Er liegt am Ende des Tuxertals, der hochalpinen Fortsetzung des Zillertals, das von Mayrhofen 800 m bis Hintertux ansteigt. Die Hauptorte sind *Finkenberg* (1550 Ew.) und *Tux* (2000 Ew.). Das Innere des Gletschers erleben Sie im *Natur Eis Palast (nur mit Führung, tgl. ab 9.30 Uhr im stdl. Abstand | Bergstation Gletscherbus | Eintritt 8 Euro | www.hintertuxergletscher.at/natureispalast)*, einer natürlich entstandenen Glestscherspalte.

Im Tuxertal geht's in die Höhe: von Finkenberg aus reicht der Blick bis nach Mayrhofen

56 www.MARCOPOLO.de/tirol

UNTERLAND

Im Herbst bietet der *Finkenberger Schaf- und Haflinger Almabtrieb* einen schönen Kontrast zum Kuh-Almabtrieb im Rest Tirols. Eines der schönsten Wellnesshotels in Tirol ist das *Hotel Alpenhof (63 Zi. | Hintertux 750 | Tel. 05287 85 50 | €€€)* in Tux, u.a mit Riesenhallenbad und Sauna mit Bergblick.

ZILLERTALER HÖHENSTRASSE ☇
Der Ausblick von der 48 km langen Strecke von Ried bis Hippach ist atemberaubend, der höchste Punkt liegt auf 2020 m. Die Straße führt vorbei am Alpengarten bei Kaltenbach, wo einige der seltensten heimischen Gebirgsblumen wachsen. *Mai–Okt. | Maut 7 Euro | Auffahrten in Ried, Kaltenbach, Aschau, Zellberg und Hippach*

ESSEN & TRINKEN

INSIDER TIPP **KRISTALLHÜTTE** ☇
Trendige, internationale Küche in edlem Ambiente auf 2147 m. Tolles Bergpanorama. In Kaltenbach, im Skigebiet Hochzillertal. *Anfahrt über Zillertaler Höhenstr. oder zu Fuß (ca. 40 Min.) | Mob. 0676 88 63 24 00 | www.kristallhuette. at | €€–€€€*

METZGERWIRT
Traditionsbetrieb in Uderns, seit dem 17. Jh. im Familienbesitz. Die jüngste Generation hat viel Schwung in die Küche gebracht, arbeitet mit heimischen Produkten und viel Phantasie. Die Speisekarte wechselt wöchentlich. *Mo/Di geschl. | Dorfstr. 6 | Tel. 05288 6 25 59 | www.dermetzgerwirt.at | €€–€€€*

FREIZEIT & SPORT

ERLEBNISTHERME ZILLERTAL
Sauna mit Stimmungslicht, Dampfbäder, Massagen – alles finden Sie hier, um sich einmal richtig zu entspannen während sich Ihre Kinder auf der längsten Wasserrutsche Westösterreichs austoben. *Therme tgl. 10–22, Sauna tgl. 13–22, Freibad tgl. 9–19 Uhr | Badweg 1 | Fügen | Kombi-Karte Therme und Freibad ab 15 Euro | Tel. 05288 63 42 00 | www.erlebnistherme-zillertal.at*

FREIZEITPARK ZELL
Das 45 000 m² große Areal macht seinem Name alle Ehre. Hier gibt es Beachvolleyball, Tennis, Minigolf, Kegeln, ein Erlebnisschwimmbad – und einen Spielplatz für Kinder, den gibt es hier auch. *Tgl. 10–21 Uhr | Dorfplatz 3a | 4 Euro | Tel. 05282 19 16 30 | www.freizeitparkzell.at*

MOUNTAIN SPORTS ZILLERTAL
Wildwasserabenteuer in Form von Rafting, Kajak oder Canyoning im Fluss Ziller in Mayrhofen. *Hauptstr. 456 | Tel. 06643 12 02 66 | www.mountain-sports-zillertal.com*

ZILLERTALRADWEG
Der Radweg für die ganze Familie führt zwei Stunden ohne große Höhenunterschiede neben der Zillertalbahn von Strass bis Mayrhofen. *Infos unter www.zillertal.at*

AM ABEND

NIGHT ZONE
Disko, Bar und Lounge für jeden Geschmack. *Fügen 306 | www.badwandl.at*

ÜBERNACHTEN

ANNO DAZUMAL
Ein ganzes Feriendorf im traditionellen Stil, von der Almhütte bis zum fürstlichen Chalet. *10 Apt. | Lanersbach 456b | Tel. 0664 4 17 80 00 | www.annodazumal. at | €€–€€€*

MAYRHOFEN & ZILLERTAL

Gruß aus Skandinavien: Der eiszeitliche Achensee erinnert an einen norwegischen Fjord

INSIDER TIPP ▶ MOUNTAIN & SOUL
Das Haus erkennen Sie an den rosa und knallgrünen Balkonen. Die Zimmer sind in warmen Farben gehalten, mit Möbeln aus Ostasien. Wellnessbereich. *19 Zi. | Ramsau 425 | Mob. 0676 88 63 24 05 | www.mountainandsoul.at | €*

AUSKUNFT

ZILLERTAL TOURISMUS
Schlitters | Bundesstr. 27d | Tel. 05288 8 71 87 | www.zillertal.at

ZIELE IN DER UMGEBUNG

ACHENSEE (124 B2–4) (*K–L 2–3*)
Langsam schnauft die alte, dampfbetriebene ★ ● *Achensee-Zahnradbahn (Bergfahrt Jenbach–Seespitz 22,50 Euro, mit Talfahrt 29,50 Euro)* von Jenbach (30 km von Mayrhofen) seit 1889 zum größten See Tirols. Am Seespitz können Sie auf eins der vier Ausflugsschiffe der *Achenseeschiffahrt (Mai–Okt. | Rundfahrt 15 Euro)* umsteigen. Steigen Sie bei der *Gaisalm* aus, die nur zu Fuß oder mit dem Schiff erreichbar ist, und genießen Sie ohne Zivilisationslärm hier eine Tasse Kaffee.

Das *Posthotel (150 Zi. | Achenkirch 382 | Tel. 05246 65 22 | www.posthotel.at | €€€)* in Achenkirch wurde zum besten Wellnesshotel Österreichs gewählt. Exquisite Zimmer mit viel Holz, ein Haubenlokal und ein versunkener asiatischer Tempel als Saunabereich.

ALPBACH (125 D4) (*M3*)
Hier treffen sich jeden Sommer ab August die Spitzen aus Politik, Gesundheit, Wirtschaft und Finanz zum Europäischen Forum. Ansonsten ist das Dorf beschaulich, die Häuser sind alle im selben Stil gebaut, unten gemauert, oben mit hölzernem Aufbau. Eines der Häuser in Hinteralpbach stammt aus dem Jahr 1630. Der Bauer, der hier aufwuchs, führt durch das *Heimatmuseum (tgl. 9–16 Uhr | Unterberg 34 | Eintritt 2,50 Euro)*.

UNTERLAND

KRAMSACH (124 C3) (*L3*)

Im sogenannten Seendorf Tirols (4500 Ew., 40 km von Mayrhofen) finden Sie zahlreiche Badeseen. Auf dem *Museumsfriedhof (Hagau 81)* stehen alte Grabkreuze mit launigen Inschriften wie „Hier schweigt Johanna Vogelsang, sie zwitscherte ein Leben lang".
Für das *Freilichtmuseum Tiroler Bauernhöfe (So vor Ostern–Okt. tgl. 9–18 Uhr | Angerberg 10 | Eintritt 6 Euro | www.museum-tb.at)* hat man 14 verschiedene Höfe aus dem Land abgetragen und hier wieder aufgebaut.

RATTENBERG ★ ● (124 C3) (*L3*)

Die kleinste Stadt Österreichs und der wahrscheinlich malerischste Ort Tirols (41 km von Mayrhofen) liegt am Fuß des Stadtbergs, der im Winter die Sonne verdeckt. Deswegen hatten die Bürger geplant, riesige Spiegel an der anderen Talseite zu montieren und so die Häuser mit Sonnenstrahlen zu fluten. Doch das ehrgeizige Projekt wurde auf Eis gelegt. Rattenbergs mittelalterliche Altstadt ist eine einzige Fußgängerzone und perfekt zum Bummeln. Im alten *Augustinerkloster (Mai–Okt tgl. 10–17 Uhr | Klostergasse 95 | 4 Euro | www.augustinermuseum.at)* sehen Sie sakrale Kunst und die große Klosterkirche. Die Burgruine auf dem Stadtberg war einst die zweitgrößte Burg Tirols. Sie dient heute als Bühne für Theateraufführungen.
Rattenberg ist ein Zentrum der Glasbläserkunst. In vielen kleinen Geschäften können Sie nicht nur Figuren und Vasen kaufen, sondern auch die Gelegenheit nutzen, den Glasbläsern beim Arbeiten über die Schultern zu schauen. Im INSIDER TIPP *Restaurant Malerwinkel (So geschl. | Pfarrgasse 92–93 | Tel. 05337 6 45 13 | www.malerwinkel-rattenberg.com / €€)* sitzen Sie im Bauch des Bergs und genießen Tiroler Kost.

SCHWAZ

(124 B5) (*K3–4*) Die ehemalige Silberstadt Schwaz (13 500 Ew.) war im 15. und 16. Jh. die größte Bergbaustadt Europas.

Wo früher bis zu 3000 t Silber und 57 000 t Kupfer pro Jahr abgebaut wurden, liegt heute ein geschäftiges kleines Städtchen. Der historischen Altstadt und den interessanten Museen sollten Sie unbedingt einen Besuch abstatten.

SEHENSWERTES

ALTSTADT

Der imposante Bau am Ende der Fußgängerzone ist die *Pfarrkirche Maria Himmelfahrt*. Die größte gotische Hallenkirche Tirols zeugt vom Reichtum der ehemaligen Bergbaustadt: Das Dach ist mit 15 000 Kupferschindeln gedeckt, die Kirche komplett aus Schwazer Dolomit gebaut. Spa-

Heiße Kunst in einer Glasbläserwerkstatt in Rattenberg

59

SCHWAZ

zieren Sie rund um das Gotteshaus durch die Ludwig-Penz-Straße zum *Fuggerhaus*. Ulrich Fugger baute es im 16. Jh., um seinen Weltkonzern von Schwaz aus zu leiten. Unterhalb des Fuggerhauses steht das *Franziskanerkloster* von 1507. Die Holztür rechts neben dem Kirchentor führt zum beeindruckenden Kreuzgang des Klosters.

INSIDER TIPP ▶ HAUS DER VÖLKER
Eine Abwechslung zur Tiroler Tradition bietet das einzige Völkerkundemuseum Westösterreichs. Schwerpunkte sind Afrika und die buddhistische Kunst Asiens. *Tgl. 10–18 Uhr | Sankt Martin 16 | Eintritt 6 Euro | www.hausdervoelker.com*

SCHWAZER SILBERBERGWERK ⭐ ●
Auf dieser Zeitreise, 800 m tief, erleben Sie, wie die Schwazer Knappen ab 1491 Silber schürften. Ein Führer begleitet Sie durch einen Teil des mehr als 500 km langen Stollensystems. Span-nend wird es, wenn gesprengt wird und ein plötzlicher Wassereinbruch im Stollen die Gefahr unter Tag simuliert. *Tgl. Mai–Sept. 9–17, Okt.–April 10–16 Uhr | Alte Landstr. 3a | Eintritt 16 Euro | www.silberbergwerk.at*

ESSEN & TRINKEN

INSIDER TIPP ▶ RESTAURANT SILBERBERG
Pizza, so groß wie ein Autoreifen, und allerhand Tirolerisches (üppige Portionen) gibt's hier. Einrichtung aus den 1980er-Jahren. *April–Okt. Di–So 11–14 u. 17–22 Uhr | Alte Landstr. 1 | Tel. 05242 6 49 21 | www.silberberg-tennishalle.com | €*

FREIZEIT & SPORT

Mountainbiker fahren auf das Geiseljoch, zum Loassasattel oder rund um das Kellerjoch. Wanderer genießen den *Alpenpark Karwendel* mit seinen zahlreichen

BÜCHER & FILME

▶ **Andreas Hofer** – Die Freiheit des Adlers – Xaver Schwarzenberger inszenierte 2002 aufwendig die Geschichte des Tiroler Freiheitshelden

▶ **Tod in Innsbruck** – Folgen Sie dem Kripochef auf seiner Mörderjagd durch die Innsbrucker Gassen. 2012 erhielt Lena Avanzini für ihren Erstlingsroman den Friedrich-Glauser-Preis

▶ **Die Piefke-Saga** – Felix Mitterers Meisterstück von 1990 zeigt die zwiespältige Beziehung zwischen dem typisch deutschen Urlauber und dem vom Tourismus abhängigen Tiroler

▶ **Susanne Schaber – Tiroler Gratwanderungen** – Die Autorin gibt mit ihren lustigen Geschichten tiefe Einblicke in die Tiroler Seele

▶ **Sieben Jahre in Tibet** – Die Geschichte des österreichischen Bergsteigers Heinrich Harrer spielt zwar im Himalaya, viele Szenen mit Hauptdarsteller Brad Pitt wurden aber 1997 in Osttirol gedreht.

▶ **Yuvraaj (Prinz)** – Einer von vielen Bollywood-Filmen, die in Tirol gedreht wurden. In Indien gelten die schneebedeckten Berge als besonders exotisch

UNTERLAND

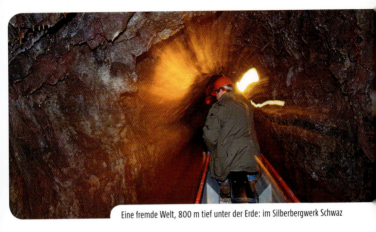

Eine fremde Welt, 800 m tief unter der Erde: im Silberbergwerk Schwaz

Hütten. *Infos im Verkehrsbüro | www.silberregion-karwendel.at*

AM ABEND

EREMITAGE
Seit 1974 hat sich die Eremitage zu einem der besten Jazzlokale in Westösterreich entwickelt und genießt Weltruhm in Jazzkreisen. *Di–Sa 11–14 u. 18–1, So ab 18 Uhr | Innsbrucker Str. 14 | Tel. 05242 6 52 51 | www.eremitage.at*

ÜBERNACHTEN

INSIDER TIPP NATURHOTEL GRAFENAST
Auf 1330 m ist alles bio. Vom Panoramazimmer aus haben Sie einen Blick ins Tal wie auf eine Kinoleinwand. *24 Zi. | Hochpillberg | Pillbergstr. 205 | Tel. 05242 6 32 09 | www.grafenast.at | €€–€€€*

AUSKUNFT

TOURISMUSVERBAND SILBERREGION KARWENDEL
Franz-Josef-Str. 2 | Tel. 05242 6 32 40 | www.silberregion-karwendel.at

ZIELE IN DER UMGEBUNG

SCHLOSS TRATZBERG
(124 B4) (*K–L3*)

Oft fährt man nur über die Autobahn daran vorbei, dabei rentiert sich der Besuch dieses Jagdschlosses aus dem 15. Jh. Noch heute wohnt eine Grafenfamilie dort. Sie bekommen einen Audioguide, werden von Raum zu Raum geführt und hören die Geschichte des Schlosses. Für Kinder gibt es ein eigenes Hörspiel. *Tgl. März–Anfang Nov. tgl. 10–16, Juli, Aug. bis 17 Uhr | Eintritt 13 Euro | www.schloss-tratzberg.at*

WOLFSKLAMM & SANKT GEORGENBERG (124 B4) (*K3*)
Über den 100-jährigen *Klammweg (3 Euro | Dauer 1 Std.)* geht es von Stans (3 km von Schwaz) entlang schroffer Felsen vorbei an Wasserfällen durch die Wolfsklamm – ein einmaliges Naturerlebnis. Ziel des interessanten und schönen Ausflugs ist der älteste Wallfahrtsort Österreichs, das mehr als 1000 Jahre alte Benediktinerstift ★ *Sankt Georgenberg*. Zurück geht es über den Wallfahrtsweg.

61

OBERLAND

Vom Arlberg bis Innsbruck reicht die obere Hälfte des Inntals, das Oberland. Das Tal ist hier noch eng und schroff, die Berge sind höher als im Unterland.

Mächtige Skischaukeln mit modernsten Gondeln befördern viele Wintergäste schnell auf den Berg. Dazu gibt es Après-Ski und riesige Bettenburgen. Im Sommer geht es hier gelassener zu: Die Après-Ski-Bars sind dicht, die Täler ruhiger und die Berge laden zu vielfältigen Aktivitäten ein.

IMST

(121 F6) (*E4*) **Die Stadt (9300 Ew.) war immer schon Verkehrsknotenpunkt – wegen ihrer günstigen Lage am Ein**gang des Pitztals und am Übergang zum Außerfern.

Sie hat sich in den letzten Jahren zur Metropole des Oberlands mit Shoppingzentren sowie einem Industrie- und Einkaufsviertel gewandelt. Hermann Gmeiner gründete hier nach dem Zweiten Weltkrieg das erste SOS-Kinderdorf, um Kriegswaisen ein Heim zu geben. 18 historische Brunnen stehen in der Stadt und versorgten einst die Bevölkerung mit Wasser.

SEHENSWERTES

INSIDER TIPP HAUS DER FASNACHT
Masken und Fasnachtsfiguren, die sonst nur alle vier Jahre beim Schemenlauf zu bewundern sind. *Fr 16–19 Uhr |*

Bild: Aussichtsplattform am Tiefenbachgletscher

Die Atmosphäre auf der Sonnenmeile Tirols wechselt mit den Jahreszeiten – ruhig im Sommer, Après-Ski-Zirkus im Winter

Streleweg 6 | Eintritt 4 Euro | www. hausderfasnacht.at

KNAPPENWELT GURGELTAL
Im nachgebauten Bergarbeiterdorf aus dem 16. Jh. in Tarrenz sehen Sie, wie früher Blei (zur Gewinnung von Silber) abgebaut wurde. Die Techniken werden im Stollen präsentiert, eine Ausstellung informiert über das Leben der Knappen. *Mai–Juni u. Sept.–Okt. Di–So 10–18, Juli–Aug. tgl. 10–19 Uhr | Tschirgant 1 | Eintritt 6 Euro | www.knappenwelt.at*

ROSENGARTENSCHLUCHT
Auf 1,5 km geht es über einen Holzsteig und durch Tunnels entlang am wildromantischen Schinderbach. Beeindruckend sind die Felswände, die bis zu 100 m emporragen und die Schlucht begrenzen. Der Einstieg, bei dem früher ein Rosengarten war, liegt mitten in der Stadt, gleich hinter der Johanneskirche. Der Weg führt Sie weiter zur blauen Grotte, ein niedriger, 35 m hoher Gang, den die Römer mit Hämmern schufen, weil sie dort Silbererz vermuteten.

IMST

Feuchter Ritt über aufgewühltes Wasser: Raftingabenteuer bei Imst

ESSEN & TRINKEN

HIRSCHEN
Klassisches Tiroler Wirtshaus mit leckerem Menü: Lassen Sie sich Lammrückenfilet oder Tiroler Rostbraten schmecken. *Tgl. | Thomas-Walch-Str. 3 | Tel. 05412 69 01 | www.hirschen-imst.com | €€*

FREIZEIT & SPORT

Von Rafting und Canyoning in der Imster Schlucht bis zu Bike- und Nordic-Walking-Touren veranstaltet *Club Alpin (Hochimst 19 | Tel. 05412 6 17 05 | www.clubalpin-imst.at)*. Mountainbiker erreichen zahlreiche Ziele, etwa die Untermarkter Alm (1491 m) oder die Latschenhütte (1623 m). *Infos im Verkehrsbüro*

ÜBERNACHTEN

ROMANTIKHOTEL POST
Stilvoll wohnen Sie im 600 Jahre alten Haus und Adelssitz. Die 29 sehr komfortablen Zimmer sind mit antikem Mobiliar ausgestattet. *Eduard-Wallnöfer-Platz 3 | Tel. 05412 6 65 55 | www.romantikhotel-post.com | €€*

AUSKUNFT

TOURISMUSVERBAND IMST-GURGLTAL
Johannesplatz 4 | Tel. 05412 6 91 00 | www.imst.at

ZIEL IN DER UMGEBUNG

PITZTAL
(129–130 F–A 1–4) (*E–F 5–7*)
Der Tourismus in dem 40 km langen Tal (3 km von Imst) kam lange nicht in Gang. Vor allem im vorderen Teil des Tals, in den Orten *Arzl* (2900 Ew.) und *Wenns* (2000 Ew.), ist die Ursprünglichkeit bis heute erhalten. Weiter hinten, in *Jerzens* (1000 Ew.) und *Sankt Leonhard* (1500 Ew.), regieren hingegen Massentourismus und Bettenburgen. Sehenswert ist das *Platzhaus (5 Zi. | Matthäus-Vischer-Platz 35 | Tel. 05414 8 72 61 | €)* in Wenns. Das ehemalige Richterhaus

OBERLAND

wurde im 16. Jh. mit biblischen Szenen bemalt. Dort schlafen Sie preisgünstig und träumen in handbemalten Bauernbetten.

In Sankt Leonhard bringen Sie die Pitzexpress-Bahn und die Panoramabahn auf den *Hinteren Brunnenkogel*, den höchsten Punkt, den Sie in Österreich mit einer Seilbahn erreichen können (3340 m).

LANDECK & DAS OBERE GERICHT

(129 D–E 1–4) *(𝛺 C–D 5–7)* **Das Inntal von der Schweizer Grenze bis nach Landeck heißt Oberes Gericht, weil die Region bis in die 1970er-Jahre ein eigener Gerichtsbezirk war.**

Das Tal liegt eingebettet zwischen den Ötztaler Alpen und der Samnaun-Gruppe. Landeck (7700 Ew.), von Westen her kommend die erste große Stadt im Inntal, hat einen schönen Stadtkern mit freskengeschmückten Bürgerhäusern. Hier lässt es sich gut einkaufen. Touristisch bedeutender sind aber *Fiss* und *Serfaus* am Sonnenplateau sowie das *Kaunertal*, das sich entlang der Gipfel des schroffen Kaunergrats entlangzieht.

SEHENSWERTES

FLIESS **(129 E2)** *(𝛺 D5)*
Der kleine Ort (1073 m, 2900 Ew.) hat einige Schätze zu bieten: Das *Archäologische Museum (Di–So 10–12 u. 15–17 Uhr | Fließ 89 | Eintritt 5 Euro | www.museum. fliess.at),* gegenüber dem modernen *Dokumentationszentrum Via Claudia Augusta* (s. S. 71), zeigt Artefakte aus der Bronze- und Eisenzeit. Hinter dem Torbogen steht die gotische `INSIDER TIPP` *Mass-*

kirche. Über ein paar Stufen im Inneren gelangen Sie in die Krypta, wo die gut erhaltenen Reste einer alten Kapelle aus dem 6. Jh. zu bestaunen sind. Über eine kurvenreiche Straße geht es hinauf zum `INSIDER TIPP` *Naturparkhaus Kaunergrat (tgl. 10–18 Uhr | Gachenblick 100 | Eintritt 4 Euro | www.kaunergrat.at)*, das Ihnen die Tier- und Pflanzenwelt des 550 km² großen gleichnamigen Naturparks näherbringt. Von der ☀ Dachterrasse haben Sie einen einmaligen Ausblick, unweit des Hauses liegt ein historischer Brandopferplatz.

SCHLOSS LANDECK ★
Das Schloss aus dem 13. Jh. beherbergt eines der besten *Heimatmuseum* des

---

MARCO POLO HIGHLIGHTS

★ **Schloss Landeck**
Im schönsten Heimatmuseum Tirols wird kritisch beleuchtet, warum zahlreiche Tiroler im 19. Jh. ihre Heimat verlassen mussten → S. 65

★ **Silvretta-Hochalpenstraße**
Einmalige Aussicht auf der Verbindung zwischen Tirol und Vorarlberg → S. 68

★ **Sankt Anton am Arlberg**
Auch angehende Könige sind im noblen Skiort schon auf den Brettern gestanden → S. 69

★ **Ötzi-Dorf**
Besuch in der Steinzeit beim ältesten Tiroler → S. 70

★ **Stift Stams**
Mächtiges Zisterzienserstift mit barockem Festsaal und achteckigen Türmen → S. 73

65

LANDECK & DAS OBERE GERICHT

Landes. Neben Ausstellungsstücken, die das Leben in der Region beleuchten, wird hier überraschend kritisch mit der Vergangenheit umgegangen. Beispielsweise werden die Hintergründe beleuchtet, warum im 19. Jh. viele Menschen Tirol verlassen mussten und welch zwielichtige Rolle die Heimatgemeinden der Auswanderer spielten. *Di–So 10–17 Uhr | Schlossweg 2 | Eintritt 7,50 Euro | www.schlosslandeck.at*

kurze U-Bahn führt durch das Dorf und transportiert im Winter die Skifahrer. Adrenalin-Junkies kommen im *Sommerfunpark Fiss (Juni–Okt. tgl. 8.30–17 Uhr | bei der Talstation der blauen Gondelbahn | www.sommerfunpark.at)* auf ihre Kosten.

Wer Schloss Landeck besucht, erfährt viel über das Leben in Tirol

SERFAUS-FISS-LADIS
(129 E2–3) (*D6*)
Die drei wichtigsten Tourismusorte der Region liegen auf dem Sonnenplateau. *Ladis* (600 Ew.) ist das ursprünglichste Dorf. Viele der Häuser sind mit schönen Malereien an den Fassaden verziert. Die *Burg Laudeck (Juli–Sept. 9–11.15 Uhr alle 45 Min. | Eintritt 2 Euro)* (13. Jh.) thront auf einem Fels über dem Ort.
Serfaus (1200 Ew.) ist fast autofrei, eine

ESSEN & TRINKEN

FEUER UND FLAMME
Gegrillt wird hier direkt am Tisch. Jeden Tag gibt es eine andere Tiroler Spezialität. Das Ambiente ist authentisch im Tiroler Stuben-Stil, die Gerichte sind modern, es gibt sogar eine eigene Weinlinie. *Di geschl. | Grunesweg 14 | Ladis | Tel. 05472 2 20 55 | www.ladizium.at/de/restaurant/feuerflamme.html | €€–€€€*

GASTHOF BERGHOF
Mehrfach ausgezeichnete Küche mit Blick auf die Bergkulisse, in der alte Rezepte

OBERLAND

(z. B. Schledernocken) wieder neu belebt werden. *Di geschl. | Greit 364 | Pfunds | Tel. 05474 52 54 | www.berghof-pfunds. com | €€*

GASTHOF GEMSE
Stark saisonal geprägte Küche im ältesten Gebäude von Zams: im Frühjahr Spargel, im Sommer Pilze und Beeren, im Herbst Wild und im Winter das Tiroler Berglamm – vieles aus eigener Landwirtschaft. *Mi geschl. | Hauptplatz 1 | Tel. 05442 6 24 78 | www.postgasthof-gemse. at | €€*

NEUER ZOLL
Ziegenprodukte höchster Qualität stehen im Vordergrund, etwa Schlutzkrapfen mit Ziegenkäse oder Ziegenbockbraten auf Rotweinsoße. *Mi geschl. | Niedergallmigg 45 | Fließ | Tel. 05449 2 00 77 | €–€€*

EINKAUFEN

BRENNEREIDORF STANZ
(129 D1) (*₥ D5*)
Stanz brennt: Der kleine Ort (650 Ew) auf der Sonnenterrasse über Landeck hat 54 Schnapsbrennereien *(www. brennereidorf.at)*. Mehrfach ausgezeichnet und in ganz Tirol bekannt ist die **INSIDER TIPP** *Feindestillerie Kössler (Mo– Sa 9–12 u. 13– 16 Uhr | Stanz 57 | Tel. 05442 6 12 00 | www.edelbraendetirol. at)*. Christoph Kösslers Heim ist das Geburtshaus des Barockbaumeisters Jakob Prandtauer, hier können Sie die edlen Brände verkosten und kaufen sowie die Brennerei besichtigen.

FREIZEIT & SPORT

35 Touren gibt es für Mountainbiker von Landeck bis zum Reschenpass, etwa die *Kuhalmrunde* bei Fiss (20 km, mittel)

oder die alte *Schmugglerroute* (55 km, schwer). In Serfaus-Fiss-Ladis nimmt die Gondel das Bike mit. Zum Wandern lädt vor allem das *Sonnenplateau*, etwa vom Fisser Joch *(Schönjochbahn)* über den Spinnseerundweg oder vom Lazid *(Komperdellbahn)* über den Murmeltierrundweg. *Infos und Karten in den Verkehrsbüros*

ÜBERNACHTEN

HAUS FROMMES
Klein und besonders: Jedes Zimmer gestaltete ein Künstler, viel Holz prägt die Räume, Gemälde zieren die Wände, das Frühstück wird auf feinem Porzellan serviert. *13 Zi. | Kelleweg 10 | Fiss | Tel. 05476 5 35 45 | www.frommes.at | €–€€*

HOTEL JÄGERHOF
2 km von Landeck entfernt befindet sich dieses traditionelle Hotel, das allen Ansprüchen genügt und dennoch preisgünstig ist. *63 Zi. | Hauptstr. 52 | Zams | Tel. 05442 6 26 42 | www.jaegerhofzams.at | €*

AUSKUNFT

FERIENREGION TIROL WEST
Malserstr. 10 | Landeck | Tel. 05442 6 56 00 | www.tirolwest.at

ZIELE IN DER UMGEBUNG

ISCHGL (128 B3) (*₥ B6*)
Auch wenn es die Ischgler nicht gern hören: Saufmeilen und Après-Ski-Gelage haben Ischgl (30 km von Landeck) zum Ballermann der Alpen verkommen lassen. Auf der *Idalpe* (2320 m) geben sich jeweils Anfang und Ende der Saison die Popstars ein Stelldichein, Paris Hilton trifft man regelmäßig in der größten Disko des Dorfs, im *Pacha (Madleinweg 2 |*

67

LANDECK & DAS OBERE GERICHT

www.pacha.at). Es gehört zu einem der besten Designhotels in Tirol: dem *Madlein (74 Zi. | Madleinweg 2 | Tel. 05444 52 26 | www.ischglmadlein.com | €€€)*. Topmodern, mit viel Eleganz, tollem ☼ Ausblick und im Sommer gar nicht so teuer, wie man annehmen könnte.
Drei-Hauben-Koch Martin Sieberer vom besten Restaurant des Oberlandes, der *Paznaunerstube (Di geschl. | Dorfstr. 95 | Tel. 05444 6 00 | www.trofana.at | €€€)*, ist bekannt für sein butterweiches Paznauner Schafl oder sein Wild aus eigener Jagd, das er mit einer großen Portion Phantasie verfeinert.

KAUNERTAL
(129 E–F 2–5) (*ω D–E 6–7*)

12 km hinter Landeck zweigt das Tal ab, das zum zweitgrößten Gletscher Österreichs führt: dem *Gepatschferner*. Hin kommen Sie am Ende des Tals über die ☼ *Kaunertaler Gletscherstraße (Maut 20 Euro)* über 26 km und 29 Kehren am malerischen Gepatschspeichersee vorbei. Am Anfang des Kaunertals führt Sie der Weg an der INSIDERTIPP▶ *Fischer Ranch* (Mai–Juni u. Sept. Mi–So, Juli–Aug. tgl. 11–21 Uhr | Kaunertalerstr. | Tel. 05472 2 03 97 | www.fischerranch.at | €) vorbei. In einem der Teiche vor der kleinen Holzhütte suchen Sie sich Ihren Fisch selbst aus. Frische ist also garantiert.
Beeindruckend ist die ☼ *Burg Berneck (Juli–Sept. Fr, Sa 10 u. 11 Uhr | Tel. Anmeldung 05472 63 32)* aus dem 12. Jh. (im 15. Jh. restauriert), die 130 m über dem Faggenbach den Weg über den Pillersattel ins Pitztal bewacht und in der Kaiser Maximilian I. wohnte, wenn er in der Region auf der Jagd war.

SILVRETTA-HOCHALPENSTRASSE
(128 A4) (*ω A7*)

In Galtür, 10 km hinter Ischgl, kommen Sie auf die Silvretta-Hochalpenstraße, die Tirol mit dem Vorarlberger Montafon verbindet. Auf der Bielerhöhe liegt der ● *Silvrettasee* (2032 m), der einzige See Europas auf über 2000 m, auf dem ein Motorschiff fährt. Sie haben einen herrlichen ☼ Ausblick auf die Berglandschaft Tirols. Übernachten können Sie in Galtür prima im INSIDERTIPP▶ *Rifugio*

DIE GEIERWALLY

Die wohl bekannteste literarische Figur Tirols ist die Geierwally. Seit die Schriftstellerin Wilhelmine von Hillern den gleichnamigen Roman 1875 veröffentlichte, wurde die Geschichte um die junge Frau, die mutig ein Geierküken aus einem Nest in der Steilwand holt, vielfach neu interpretiert. Auf einen Stummfilm von 1921 folgte 1940 eine Neuverfilmung, die im Ötztal gedreht wurde und die Blut- und Bodenromantik der damaligen Zeit spiegelt. Neben weiteren Filmen, darunter eine schräge Trashparodie von Walter Bockmayer (1988), entstanden es Theaterstücke und ein Musical. Dem Plot liegt eine wahre Begebenheit zugrunde: Anna Stainer-Knittel, echtes Vorbild für die literarische Geierwally, wurde Mitte des 19. Jhs. im Lechtal geboren, studierte an der Kunstakademie und gründete eine Malschule für Frauen in Innsbruck. Die Geierwally wurde so zum Symbol für Emanzipation: Sie heiratete den Mann, den sie liebte, und ergriff einen Beruf – beides gegen den Willen des Vaters.

OBERLAND

Alpine Asphaltschönheit mit ausladenden Kurven: Silvretta-Hochalpenstrasse

Galtür (Galtür 109 | Tel. 0664 2 31 40 11 | www.rifugio-galtuer.at | €), bestehend aus zwei Ferienhäusern, erstellt mit natürlichen Baustoffen, hauptsächlich Holz – mit Sauna im Dachgeschoss. Frühstück gibt es im Hotel Paznaunerhof gegen einen Aufpreis von 10 Euro. Zwei empfehlenswerte Ferienwohnungen für insg. bis zu 24 Personen.

SANKT ANTON AM ARLBERG ★
(128 B2) (*B5*)
Sankt Anton (1300 m, 2800 Ew., 25 km von Landeck) hat sich dem edlen Tourismus verschrieben – auch die britische Königsfamilie war schon hier zum Skifahren. Die *Gallzigbahn* ist eine der modernsten Seilbahnen Österreichs mit einer außergewöhnlichen, glasdominierten Architektur.
Ein Hotel, das einen Kontrast zu den üblichen traditionellen Unterkünften bildet, ist das INSIDERTIPP *Pepis Skihotel* (22 Zi. | Dorfstr. 2 | Tel. 05446 38 30 60 | www.pepis-skihotel.com | €€). Die hübschen Zimmer sind sehr modern, mit viel Holz ausgestattet und strahlen eine jugendliche Atmosphäre aus.

OETZ & DAS ÖTZTAL

(130 A–B 1–4) (*F5–7*) **Ötzis Heimat könnte widersprüchlicher nicht sein: Im ruhigen Hauptort Oetz haben sich ein jahrhundertealter Dorfkern und dörfliches Leben erhalten, während Sölden ganz auf junges, ausgehfreudiges Publikum setzt.**

Nicht umsonst wird Sölden mit seinen Diskos und Bars das „Ibiza des Winters" genannt. Im längsten Seitental des Inn (65 km), inmitten der Ötztaler Alpen, liegt der höchste Berg Tirols: die *Wildspitze* (3768 m). Das *Ötztal* ist niederschlagsarm und das Klima mild, Bedingungen, die Oetz auch den Beinamen „Meran des Nordens" eingebracht haben.

69

OETZ & DAS ÖTZTAL

So lebte es sich in der Steinzeit: Alltagsszenen aus dem Ötzi-Dorf

SEHENSWERTES

LÄNGENFELD (130 B2) (*F6*)
Der ruhige Luftkurort Längenfeld *(17 km von Oetz | www.laengenfeld.com)* ist mit 3100 Ew. der größte Ort des Tals. Im *Ötztaler Heimat- und Freilichtmuseum (Di–Fr 10–12 u. 14–17, Sa–So 14–16 Uhr | Lehn 24 | Eintritt 5 Euro | www.oetztalmuseum.at)* sind ein Wohn- und mehrere Wirtschaftsgebäude zu besichtigen, die Ihnen einen Eindruck vermitteln, wie schwer das Leben im Ötztal für die Bauern früher war. Noch bis in die 1950er-Jahre mussten sie und ihre Familien in dieser Gegend vom Flachsanbau leben.

OETZER DORFKERN
Das Ortszentrum ist in seiner Ursprünglichkeit erhalten geblieben, Lüftlmalerei (Fassadenmalerei) ziert viele Häuser. Besonders schön ist die 300 Jahre alte Stube im **INSIDER TIPP** *Gasthof Stern (12 Zi. | Kirchweg 6 | Tel. 05252 63 23 | €)* (1611), dem ehemaligen Gerichtssitz. Essen gibt es nur auf Bestellung oder für Hausgäste, Kaffeetrinken ist aber für alle möglich. Die Straße führt hinauf zur spätgotischen *Pfarrkirche zum heiligen Georg und Nikolaus* mit schönen Deckenfresken und einem sagenhaften Ausblick über das halbe Ötztal.

ÖTZI-DORF ★ ● (130 B2) (*F5*)
In unterschiedlichen Stationen erfahren Sie in diesem Freilichtmuseum, wie der berühmte Steinzeitmann lebte. *Mai–Okt. tgl. 9.30–17.30 | Umhausen | Eintritt 6,80 Euro, Führungen gratis | www.oetzidorf.at*
Gleich hinter dem Ötzi-Dorf führt der Weg – teilweise steil – aufwärts zum größten Wasserfall Tirols, dem *Stuibenfall*. Entstanden ist er vor 9000 Jahren durch einen Felssturz, der das Bachbett versperrte. Seither stürzen bis zu 2000 l pro Sekunde über den 156 m hohen Stuibenfall. Auf insgesamt fünf Plattformen kommen Sie ganz nah an das Wasser heran. Gehen Sie bis zur *obersten (ca. 2 Std.)*, der Blick lohnt sich.

PIBURGER SEE (130 A1) (*F5*)
Der Bergsee (913 m), 3 km von Oetz entfernt, liegt malerisch im Wald in einer Senke, die durch eine Naturkatastrophe

70 www.marcopolo.de/tirol

OBERLAND

entstand: Nach der letzten Eiszeit staute ein Felssturz das Wasser in dem kleinen Tal. Es wird im Sommer bis zu 24 Grad warm, im Süden ist ein gemütliches Strandbad.

INSIDER TIPP ROFENHÖFE ☼
(130 A1) *(*ⓜ *F8)*

Besser als im hintersten Winkel des Ötztals kann man sich in Tirol nicht verstecken. Das wusste im 15. Jh. auch Herzog Friedrich, der Zuflucht suchte, weil er den falschen Papst unterstützt hatte. Heute sind die Rofenhöfe auf 2014 m die höchst gelegenen ständig bewirtschafteten Höfe der Ostalpen. Sie haben einen tollen Blick auf das Bergpanorama und, über die nahe Hängebrücke, in die 31 m tiefe Schlucht. Übernachten und einkehren können Sie im ☼ *Geierwallihof (Vent | Tel. 05254 8145 | €)*. Die Aussicht aus den Zimmern nach dem Aufstehen macht jeden Morgen perfekt.

SÖLDEN (130 B3–4) *(*ⓜ *F7)*

Der Tiroler Tourismus hatte hier eine seiner Keimzellen, vor 150 Jahren gab es gerade mal fünf Gasthäuser, mittlerweile finden Sie kaum ein Haus, in dem nicht Zimmer vermietet werden. Mit der Erschließung der Gletscher wurde der Winter die wichtigste Saison, mittlerweile tut sich auch im Sommer einiges auf den vielen Wanderwegen und Klettersteigen. Empfehlenswert ist eine Fahrt mit der Gondel auf den *Gaislachkogel (tgl. 9–16 Uhr | Talstation Dorfstr. 115 | 25 Euro für Berg- und Talfahrt)*, ☼ der Blick von den Aussichtsplattformen ist einmalig. Im Winter und im Sommer entweder *Tiefenbachferner* oder *Rettenbachferner (9–16 Uhr | Gletscherstr. | je 12 Euro)*. Warm anziehen, die Plattformen liegen auf über 3000 m!

INSIDER TIPP TURMMUSEUM

Der Turm im Oetzer Dorfkern war im Mittelalter Wohnsitz einer Adelsfamilie, ab dem 17. Jh. Verwaltungssitz der Ländereien des Klosters Frauenchiemsee in Bayern. Heute beherbergt er eines der schönsten Museen Tirols. Unter den Gemälden finden Sie echte Schmuckstücke. Im Café gibt es selbst gebackenen Kuchen. *Anfang Juni–Ende Okt., Mi–So 14–18, Mitte Dez.–2. Feb., Mitte Feb.–Ostern Do–So 14–18 Uhr Uhr | Schulweg 2 | Oetz | Eintritt 5 Euro | www.turmmuseum.at*

ESSEN & TRINKEN

ÖTZTALER STUBE

Zwei-Hauben-Koch Gottfried Prantl verwöhnt Sie mit internationalen Gerich-

VIA CLAUDIA AUGUSTA

Die Straße, fertiggestellt 47 n. Chr., war die wichtigste Verbindung zwischen der römischen Hauptstadt und den Lagern im Norden an der Donau. Beim Eintritt nach Tirol folgt sie dem Inn bis Landeck und Imst und führt dann über den Fernpass nach Reutte, von dort bis Augsburg. Zahlreiche Schilder weisen auf die *Via Claudia Augusta* hin, in vielen Museen im Tiroler Oberland sind römische Funde zu sehen. In Fließ steht ein modernes *Dokumentationszentrum (Di–So 10–12 u. 15–17 Uhr | Fließ 89 | Eintritt 5 Euro | www.museum.fliess.at)*. Die Via kann auch mit dem Rad befahren werden. *www.viaclaudia.at*

71

OETZ & DAS ÖTZTAL

ten und feinen Tiroler Rezepten. Das Restaurant gehört zu einem der besten Wellnesshotels *(121 Zi. | €€€)* im Ötztal. *Tgl. 19.30–21 Uhr | Central Spa Hotel, Hof 418 | Sölden | Tel. 05254 2260 | www.central-soelden.at | €€€*

VINORANT

Nichts für Vegetarier, aber wer Wild mag, ist hier richtig. Manche sagen, es sei das beste Restaurant im ganzen Tal, auf jeden Fall ist es sehr exquisit. Auch die Weinkarte kann sich sehen lassen. *Do–Di 18–24, So auch 11–14 Uhr | Oberlängenfeld 47a | Tel. 0664 4014315 | www.vinorant.at | €€€*

FREIZEIT & SPORT

AQUA DOME

Das Heilwasser in der modernsten Therme Österreichs sprudelt aus 1800 m Tiefe an die Oberfläche – versetzt mit Natrium, Sulfid, Chlorid und Schwefel. Top-Architektur, die Schwimmbecken sind auf Stel-

LOW BUDG€T

▶ Für 14 Euro pro Aufenthalt nehmen Sie mit dem *Freizeitpass Pitztal* an kostenlos geführten Wanderungen teil, an Mountainbiketouren, benutzen den Wanderbus; Kinder amüsieren sich im Kinderclub. *Erhältlich in der Tourismusinfo Ötztal (s. S. 73)*

▶ Hinter dem Kulturhaus in Fiss den Wiesenweg entlang, liegt der ❄ *Wolfsee* mit einem einzigartig abwechslungsreichen Kinderspielplatz. Tolle Aussicht von der Hängematte oder Holzliege aus. Unerschrockene kühlen sich im See ab.

zen gebaut. Modernste Sauna, Dampfbäder. *Tgl. 9–23 Uhr | Eintritt Mo–Fr 18.30 Euro/3 Std., Sa/So 21,50 Euro/3 Std., Sauna 11 Euro extra | Oberlängenfeld 140 | Längenfeld | Tel. 05253 6400 | www.aqua-dome.at*

AREA 47

Die Liste der Superlative ist lang in diesem weltweit einzigartigen Outdoorpark: Hier finden Sie mit fast 30 m Österreichs höchsten Sprungturm, die steilsten Wasserrutschen (60 Prozent) und einige der höchsten Kletterwände. Auf mehr als 60 000 m² können Sie 35 Sportarten ausprobieren, im Flying Fox über das Gelände schweben oder durch die Luft geschossen werden. Die Preise für die einzelnen Attraktionen sind allerdings nicht zu verachten *(Beispiele: Flying Fox 23 Euro, Rafting ab 52 Euro, Hochseilgarten 40 Euro, Kletterwand Tageskarte 8 Euro)*. Übernachten können Sie in hölzernen Tipis auf Matratzen *(Schlafsack mitbringen | 22 Euro)* oder komfortabler in Holzbungalows *(36 Euro)*. Benannt ist der Park nach seiner Lage am 47. Breitengrad. *Ende April–Mitte Okt. tgl. 9–19 Uhr | Ötztaler Achstr. 1 | Ötztal Bahnhof | Tel. 05266 8 76 76 | www.area47.at*

MOUNTAINBIKEN

Der *Ötztal-Mountainbike-Trail* führt über 135 km und 3000 Höhenmeter vom Talanfang bis zum Gletscher, ist in Etappen fahrbar und bietet alle Schwierigkeitsgrade. *Karten in allen Tourismusbüros.* Geführte Radtouren bietet u. a. *Vacancia Total (Dorfstr. 11 | Sölden | Tel. 05254 3100 | www.vacancia.at)*.

WASSERCRAFT

Gemütliche Familientour auf dem Inn, Wildwasserrafting oder Canyoning. *Ambach 29 | Oetz | Tel. 05252 6721 | www.rafting-oetztal.at*

OBERLAND

AM ABEND

OILERS69
Die ehemalige Tankstelle ist ein In-Treffpunkt im Tiroler Oberland. Auf der Straße grüßt ein Skelett aus einem verrosteten Pick-Up. Drinnen erinnert die Bar an eine Raststätte an der Route 66 in den 1950er-Jahren. *Bundesstr. 9 | Haiming | Tel. 05266 8 74 10 | www.oilers69.com*

ÜBERNACHTEN

POSTHOTEL KASSL
Im ältesten Hotel im Ötztal (1605) soll Robert Musil seinen berühmten Roman „Mann ohne Eigenschaften" geschrieben haben. Das Hotel ist trotz seiner Geschichte von mehr als 400 Jahren modern und schön eingerichtet. Mit Sauna- und Wellnessbereich, Hallenbad. *50 Zi. | Hauptstr. 70 | Oetz | Tel. 05252 63 03 | www.posthotel-kassl.at | €–€€*

INSIDER TIPP WALDKLAUSE
Eine wahre Oase, eingebettet in die Natur, in schönem Design und von einem Internetportal zu einem der 25 besten Hotels weltweit gewählt. Mit großem Wellnessbereich innen und außen. *55 Zi. | Unterlängenfeld 190 | Tel. 05253 54 55 | www.waldklause.at | €€€*

AUSKUNFT

ÖTZTAL TOURISMUS
In jedem Ort im Ötztal gibt es eine Touristeninformation. In Ambach *(Ambach 26)*, in Oetz *(Hauptstr. 66)*. Für alle: *Tel. 057 2 00 | www.oetztal.com*

ZIEL IN DER UMGEBUNG

STIFT STAMS ★ (122 B5) (*F4*)
Mächtig thront das barocke Stift mit den zwei achteckigen Türmen (1273) über dem Inntal (18 km von Oetz). Bis ins 16. Jh. begrub man hier die Tiroler Landesfürsten. Mittelpunkt der Anlage ist die Stiftskirche mit dem Rosengitter von der Vorhalle zur Heilig-Blut-Kapelle. Auch sehenswert ist der Bernardisaal, ein barocker Festsaal und das Museum mit wechselnden Ausstellungen. *Tgl. 9–18, Museum Di–So 12–17 Uhr, Führungen n. Voranmeldung (4,70 Euro) | Stiftshof 1 | Eintritt 6,50 Euro | Tel. 05263 6 24 20 | www.stiftstams.at*

Barocke Pracht: die Fürstengruft im Stift Stams

73

SEEFELD

SEEFELD

(123 D5) *(G4)* **Malerisch eingerahmt von der Hohen Munde und dem Karwendel liegt Seefeld (3000 Ew.).**
Vor allem der Bau der Karwendelbahn von Innsbruck nach Mittenwald verhalf dem ehemaligen Wallfahrtsort zur Bedeutung als Tourismushochburg. Heute dominieren den kleinen Ort vor allem Hotels im Tiroler Stil. Seefeld ist mit rund 280 km Loipen und 650 km an Wanderwegen ein Paradies für Langläufer und Wanderer. Auf Skifahrer und Snowboarder warten drei Skigebiete. *www.seefeld.com*

SEHENSWERTES

PFARRKIRCHE SANKT OSWALD
Der Sage nach wollte der Ritter Oswald Milser während einer Messe eine größere Hostie als das gemeine Volk. Sie färbte sich blutrot. Das Tympanonrelief entlang des Hauptportals der spätgotischen Kirche im Zentrum von Seefeld erzählt die Geschichte dieses Hostienwunders, das den Ort im Mittelalter zu einem Wallfahrtsziel machte. Von der Kirche aus führt der Kreuzweg auf den Pfarrhügel.

SEEKIRCHL
Die achteckige Barockkirche (1629–66) stand auf einem See, der heute trockengelegt ist. Das Kreuz auf dem Hochaltar war einst ein altes Wegkreuz. Hier wird gern geheiratet. *Sommer tgl. 8–18 Uhr*

ESSEN & TRINKEN

SÜDTIROLER STUBE
Alte Tiroler Bauernstube mit traditioneller Tiroler Kost, italienischer Einschlag. *Tgl. ab 10 Uhr | Reitherspitzstr. 18 | Tel. 05212 50 46 | €€*

TRIENDLSÄGE
Uriges Restaurant mit Tiroler Kost. Nach dem Essen kann man sich die Schausäge erklären lassen. *Di–Abend u. Mi geschl. | Triendlsäge 259 | Tel. 05212 25 80 | €€*

Wenn die Glocken durchs Tal tönen, wird im Seekirchl vermutlich wieder mal geheiratet

74 www.marcopolo.de/tirol

OBERLAND

FREIZEIT & SPORT

ALPENPARK KARWENDEL
Mit 730 km² ist der Alpenpark eins der größten Naturschutzgebiete der Ostalpen. Er erstreckt sich von der Seefelder Senke bis zum Achensee. In *Scharnitz* (10 km von Seefeld) finden Sie ein *IInformationszentrum (ganzjährig geöffnet, genaue Zeiten auf Anfrage | Innsbrucker Str. 282 | Tel. 05213 52 70 | www.karwendel.org)*. Das Herz dieses Zentrums bildet ein 8000 Jahre altes Elchskelett, das in einer Höhle im Park gefunden wurde. Vom Zentrum aus können Sie auf malerischem Weg zum Isarursprung wandern *(etwa 1,5 Std.).*

GOLFPLATZ SEEFELD-WILDMOOS
Der 18-Loch-Golfplatz gilt unter Kennern als einer der schönsten Plätze Tirols. *Tel. 0699 16 06 60 60 | www.seefeldgolf.at*

SPORT- UND KONGRESSZENTRUM ●
Großes Schwimmbad und wunderschöne Saunalandschaft. Im Keller befindet sich ein modernes THX-Kino mit 140 Sitzen. *Klosterstr. 600 | Eintritt Mo–Fr 11,50, Sa/So 13,50 Euro (für 5 Std.) | Tel. 05212 32 20 | www.seefeld-sports.at*

AM ABEND

FLEDERMAUS
Ein Klassiker in Seefeld: tagsüber ein Café mit Gastgarten, abends eine Cocktail-Bar, in der u. a. Karaoke-Veranstaltungen stattfinden. Viele Einheimische treffen sich hier. *Tgl. 11–3 Uhr | Bahnhofstr. 242 | www.fledermaus-seefeld.at*

WILDFANG
Elegante Bar mit stylishem Ambiente. Die Bar gehört zum Casino, in dem Sie zuvor Ihr Glück versuchen können. *Mo u. Di geschl. | Bahnhofstr. 124 | Tel. 05212 23 40*

ÜBERNACHTEN

HOTEL SANKT PETER
Kunst trifft Herberge: Bilder der Tiroler Künstler Fritz Wilberger und Patrizia Karg hängen überall in diesem schönen und modernen Wellnesshotel mit Blick auf das Seekirchl. Der Hallenbad- und Saunabereich wurde frisch renoviert. *80 Zi. | Mösererstr. 53 | Tel. 05212 4 55 50 | www.mountains.at | €€*

AUSKUNFT

VERKEHRSAMT
Klosterstr. 43 | Tel. 050 88 00 | www.seefeld.com

ZIELE IN DER UMGEBUNG

LEUTASCHER GEISTERKLAMM ●
(122 C4) (*ᗰ G3*)
Der etwa einstündige Spaziergang durch die Klamm (ca. 5 km von Seefeld) ist ein einmaliges Naturerlebnis: Links und rechts ragen schroffe Felswände in die Höhe, 43 m unter Ihren Füßen tost die Leutascher Ache. Kinder erkunden mit verschiedenen Klanginstrumenten die Geheimnisse des Klammgeists, der einer Sage nach hier wohnen soll. Der Umweg zum Wasserfall lohnt sich *(2 Euro, Parkplatz 5 Euro).* Festes Schuhwerk nicht vergessen!

MÖSERN ☼ (122 C5) (*ᗰ G4*)
Der kleine Ort (400 Ew., 5 km von Seefeld) ist eine der schönsten Aussichtsplattformen Tirols. Kurz vor der Ortsausfahrt auf der linken Seite steht die größte Glocke des Landes; sie läutet täglich um 17 Uhr. Sie gelangen auch auf dem *Friedensglockenwanderweg* dorthin. Er beginnt bei der Seewald-Alm zwischen Seefeld und Mösern *(ca. 90 Min.).* www.seefeld.com, Link „Orte"

OSTTIROL

Wenn Sie die Felbertauernstraße nach dem Tunnel hinunter Richtung Lienz fahren, treten Sie nicht zu sehr aufs Gaspedal. Nehmen Sie sich vielmehr die Zeit, um nach links und rechts zu schauen und dabei wunderbare Eindrücke in sich aufzunehmen.

Es sieht aus, als wären Sie 100 Jahre in der Zeit zurückgefahren: Alte Bauernhäuser stehen abseits der Straße, wie man sie heute kaum noch sieht. Frauen, die sich auf den Weg zum Feld machen, tragen noch Kopftücher. Osttirol strahlt eine Ursprünglichkeit aus, die einzigartig ist und sofort angenehm ins Auge sticht: keine überdimensionalen Skischaukeln, keine modernen Touristenattraktionen. Vielmehr dominiert eine gemütliche Schlichtheit dieses Land, das politisch zwar als neunter Bezirk Tirols fungiert, aber durch einen Salzburger-Südtiroler Landkeil von seinem Mutterland getrennt ist.

LIENZ & DAS PUSTERTAL

(134–135 B–D5) (*O–Q8*) Das Hochpustertal, wie der Osttiroler Teil des Tals genannt wird, zieht sich von Sillian an der Südtiroler Grenze bis nach Lienz. Das Tal bietet Ruhe und Erholung durch seine Abgeschiedenheit und Ursprünglichkeit. *Lienz* (12 000 Ew.) hingegen ist ein emsiges Städtchen mit mediterranem Flair, das durch eine schöne Alt-

Bild: Sankt Veit im Defereggental

Die Entdeckung der Langsamkeit: Vergangenheit und Gegenwart sind im Osten Tirols auf liebevolle Weise vereint

stadt, viele Einkaufsmöglichkeiten und gemütliche Bars glänzt.

SEHENSWERTES

AGUNTUM ★ (135 E5) (*R8*)
Heute rauscht der Verkehr mitten durch die 2000 Jahre alte Römersiedlung (ca. 4 km von Lienz). Sie war einst ein wichtiges Handelszentrum. Die doppelwandige Stadtmauer und das große Tor, durch das eine zweispurige Straße führte, sind noch gut zu erkennen. Im 1200 m² großen *Atriumhaus*, dem Wohnhaus eines reichen Händlers, erfahren Sie viel über das Leben der alten Römer in den Alpen. Workshops für Kinder. *Ende April, Mai tgl. 9.30–16, Juni–Anfang Sept. tgl. 9.30–17, Sept., Okt. 9.30–16 Uhr | Stribach 97 | Eintritt 6 Euro | Tel. 04852 6 15 50 | www.aguntum.info*

ALTSTADT LIENZ
Wo Isel und Drau zusammenfließen, legten die Grafen von Görz eine Siedlung an – rund um den heutigen Lienzer

77

LIENZ & DAS PUSTERTAL

Hauptplatz. Die Stadt ist mehrmals abgebrannt, heute stammen daher viele Gebäude aus der Zeit nach dem Zweiten Weltkrieg. Den Abschluss des dreieckigen Hauptplatzes bildet der Zwiebelturm der im 17. Jh. umgebauten Kirche *Sankt Antonius von Padua*. Die *Liebburg* mit den zwei Türmen auf dem Hauptplatz war ehemaliger Grafenwohnsitz und beheimatet heute das Rathaus. Nördlich des Hauptplatzes befindet sich das *Alte Spital* mit der Spitalskirche aus dem 13. Jh. Gleich daneben steht ein Teil der *Stadtmauer* mit dem Iselturm.

RIEPLER SCHMIEDE ●
Es zischt und raucht, wenn der Schmied in der mittelalterlichen Werkstatt das Eisen bearbeitet. Schmieden Sie sich Ihren eigenen Glücksbringer! Der Hausherr kennt Geschichten, die er mit viel Humor erzählt. *Di u. Sa ab 16 Uhr | am Ende der Schweizergasse, Nähe Klösterle | Tel. 04852 6 52 65*

Wo früher Hexen verurteilt wurden, wird heute Kunst gezeigt: Schloss Bruck

SCHLOSS BRUCK ★
Die Grafen von Görz bauten das weithin sichtbare Schloss auf dem Schlossberg und zogen 1278 ein. 1500 fiel es in den Besitz von Maximilian I. Der erste Stock war früher Gerichtssitz, hier fand der letzte Osttiroler Hexenprozess 1680 statt. Seit 1943 ist das Schloss Museum und Highlight für Fans von Albin Egger-Lienz. Seine größten Werke stehen neben einer Sammlung von Werkzeugen, die in der nahen Römerstadt Aguntum ausgegraben wurden. Besonders sehenswert: die gotischen Fresken in der Burgkapelle. *Mai–Juni Di–So 10–18, Juli–Aug. tgl. 10–18, Sept.–Okt. tgl. außer Mo 10–16 Uhr |*

78 www.marcopolo.de/tirol

OSTTIROL

Schlossberg 1 | Eintritt 7,50 Euro | www. museum-schlossbruck.at

INSIDER TIPP STADTPFARRKIRCHE SANKT ANDRÄ & BEZIRKSKRIEGERDENKMAL

Die *Stadtpfarrkirche Sankt Andrä* ist die älteste Kirche in Lienz und wurde auf dem Fundament einer romanischen Kapelle aus dem 5. Jh. erbaut, deren Reste Sie in der Krypta sehen. Besonders lohnend ist der Friedhof: Die Gräber in den Arkaden sind reich bemalt, die Mauer ist teils noch aus dem 15. Jh. Das Prunkstück aber ist die ● *Kriegergedächtniskapelle* von Clemens Holzmeister von 1925. Dort liegt der größte Künstler Osttirols, der Maler Albin Egger-Lienz, begraben. An den Wänden hängt sein Zyklus „Sämann und Teufel", „Totenopfer", „Der Auferstandene", „Die Namenlosen". *Pfarrgasse 4, Schlüssel im Haus gegenüber*

ESSEN & TRINKEN

HOTEL ANSITZ HAIDENHOF

Im Gewölbekeller dieses Hotels bekommen Sie traditionelle Speisen in großen Töpfen und Pfannen serviert. Die Speisekarte ist deftig und traditionell, das Ambiente ritterlich. Im Keller wird selber Bier gebraut, Pizza gibt es auch. *Tgl. ab 17 Uhr | Grafendorferstr. 12 | Tel. 04852 6 24 40 | www.haidenhof.at | €€*

HOTEL CIS

Im malerischen Ort Kartitsch liegt dieser Gasthof. Der Wirt verfeinert raffiniert die heimischen Produkte, die Weinkarte bietet 50 erlesene Weine. Vorher reservieren. *Tgl., So nur mittags | Wiese 39 | Tel. 04848 53 33 | www.hotelcis.at | €€*

GASTHAUS GOLDENER FISCH

Der Fischerwirt bietet gutbürgerliche Küche. Spezialität des Hauses ist, wie der Name verrät, frischer Fisch aus Osttirol. *Kärntner Str. 9 | Tel. 04852 6 21 32 | www. goldener-fisch.at | €€*

GÖSSERBRÄU

Das Wirtshaus im alten Lienzer Rathaus hat neu eröffnet und bietet allerhand Deftiges, das gut zu Bier passt. Das Lokal ist mittlerweile zu einem In-Treff geworden. *Johannesplatz 10 | Tel. 04852 7 21 74 | www.goesserbraeu-lienz.at | €€*

EINKAUFEN

STADTMARKT ⏱

Obst, Gemüse, Speck, Schnaps und alles, was frisch ist, bekommen Sie auf diesem Markt zu kaufen, darunter auch viele Bio-Produkte – eine gemütliche Flaniermei-

---

MARCO POLO HIGHLIGHTS

★ **Aguntum**
Entdecken Sie bei Lienz die einzige Römerstadt auf Tiroler Boden → S. 77

★ **Schloss Bruck**
Die weltweit beeindruckendste Ausstellung des Tiroler Malers Albin Egger-Lienz wird hier gezeigt. Nicht nur für alle Kunstliebhaber ein Muss → S. 78

★ **Tristacher See**
Ab ins Wasser – im einzigen Badesee Osttirols → S. 82

★ **Kals am Großglockner**
Tolles Bergpanorama mit Sicht auf den Großglockner → S. 85

★ **Umbalfälle**
Die Kraft der Natur spektakulärer Wasserfällen → S. 85

LIENZ & DAS PUSTERTAL

le! *Fr-Nachmittag u. Sa-Vormittag | Messinggasse | www.stadtmarkt-lienz.at*

WEINPHILO
Wenn Sie guten Wein kaufen wollen, sind Sie hier genau richtig. Probieren Sie am besten die Weine, die auf der Tafel angeschrieben sind, sie sind besonders empfehlenswert. *Messinggasse 1 | Tel. 04852 6 12 53 | www.weinphilo.com*

FREIZEIT & SPORT

AIGNER BADL ● (134 C5) (*P8*)
Das einzige erhaltene Bauernbadl Osttirols ist in einem alten Bauernhaus in Abfaltersbach untergebracht und besteht schon fast 250 Jahre. Gebadet wird in einem Bottich aus Lärchenholz. Deckel drauf, und schon können Sie im Kalziumsulfat-Wasser herrlich entspannen! Außerdem ist ein Bad im Aigner Badl gut für die Gesundheit: Es lindert u. a. Rheuma, Gelenkschmerzen, Ischias und för-

dert darüber hinaus die Wundheilung. *Mai–Sept. Mo–Sa 10–20, So ab 11 Uhr | Drauradweg | pro Bad 13 Euro | Tel. 0699 11 59 13 77*

BIKE ERLEBNIS OSTTIROL
Touren für Einsteiger und Fortgeschrittene mit Radguide. *Zettersfeld Talstation in Lienz | Tel. 04852 6 85 41 | www.bike-erlebnis-osttirol.at.*

GALITZENKLAMM (135 D5) (*Q8*)
Hier gibt es für die ganze Familie etwas zu tun, zu sehen und zu staunen: Am Wasserschaupfad geht es über Brücken hinein in die spektakuläre Klamm. Wer auf Abenteuer steht, wagt den Klettersteig, der ganz nah am tosenden Bach entlang führt. Am Wasserspielplatz kann man sich austoben und im Hochseilgarten die Schwindelfreiheit erproben. *Eintritt 4,50, Ausrüstung 3 Euro | Mai–Juni u. Sept. 10–17, Juli–Aug. 9–19 Uhr | Anmeldungen im Verkehrsbüro Lienz*

Nichts für Warmduscher: mit kräftigem Schlag durch die kalten Gewässer Tirols paddeln

OSTTIROL

RAFTING & OUTDOOR CENTER OSTTIROL
In einem Schlauchboot einen reißenden Gebirgsbach hinunterrauschen. *neben der Bundesstr. in Ainet 41 | Tel. 0650 3 36 80 00 | www.raftingcenter.at*

AM ABEND

DEEP BLUE
In dieser Disko wird fast bis zum Morgengrauen durchgemacht. *Di–So 18–2 Uhr | Hauptplatz 14*

CAFÉ WAH
Hier trifft sich seit mehr als 20 Jahren jede neue Jugendgeneration. *Di–Do 19–1, Fr/Sa 19–3 Uhr | Kreuzgasse 3*

INSIDER TIPP YELLOW PUB
Das Pub ist gemütlich zum Chillen. Es gibt leckere Cocktails, regelmäßig Konzerte und andere Events. *Tgl. ab 17 Uhr | Zwergergasse 2*

ÜBERNACHTEN

INSIDER TIPP GASTHOF TIROLERHOF ✂
In der Ortschaft Dölsach ist dieses kleine Hotel etwas Besonders. in den Hang hinein gebaut, mit einer unglaublichen Aussicht auf Aguntum, Lavant und Lienz. Mittlerweile finden sich unter seinem Dach nicht nur 6 gediegene Zimmer, sondern auch ein Haubenlokal, das wegen seiner der herausragenden Qualität der Zutatenauswahl ausgezeichnet wurde. *Dölsach 8 | Tel. 04852 6 41 11 | www.tirolerhof.or.at | €€*

GRANDHOTEL LIENZ 🌱
Wie der Name schon verspricht, können Sie in diesem Fünf-Stern-Hotel im Luxus schwelgen. Der Prachtbau liegt direkt am Fluss, das Spa ist besuchenswert. Das Hotel wird zu einem großen Teil mit Alternativenergie betrieben. Die Preise sind einem Grandhotel angemessen, aber nicht überzogen. *72 Zi. | Fanny-Wibmer-Peditstr. 2 | Tel. 04852 6 40 70 | www.grandhotel-lienz.com | €€€*

VERGEINER'S TRAUBE ✂
Die Zimmer sind zwar geräumig und sauber, trotzdem fehlt dem Haus das gewisse Etwas. Entschädigt wird man dafür allerdings durch den überdachten Pool im obersten Stockwerk mit Blick über ganz Lienz. *55 Zi. | Hauptplatz 14 | Tel. 04852 6 44 44 | www.hoteltraube.at | €€€*

AUSKUNFT

TOURISMUSVERBAND LIENZER DOLOMITEN
Europaplatz 1 | Tel. 04852 6 52 65 | www.lienz-tourismus.at

ZIELE IN DER UMGEBUNG

LAVANT ✂ (135 E5) (𝑀 R8)
Gleich nach der ersten Kurve am Kirchbichl kommen Sie am *Museum (tgl. ca. 8–18 Uhr)* vorbei, in dem römische Werkzeuge ausgestellt sind. Auf dem Berg stehen zwei Kirchen: die spätgotische, rosarote *Sankt Ulrichskirche* (erbaut um 1500) und *Sankt Peter und Paul*. Von hier haben Sie einen schönen Ausblick über das Drautal und auf die Reste der alten Bischofskirche aus dem 5. Jh. Der *Lavanter Kirchbichl* ist heute noch ein beliebter Wallfahrtsort.

PUSTERTALER HÖHENSTRASSE ✂
(134–135 C–D5) (𝑀 P–Q8)
Die Auffahrt liegt kurz hinter Leisach, die Straße führt am Sonnenplateau entlang und bietet mit ihrem Panorama eine tolle Abwechslung zur Hauptstraße. Kurz bevor es wieder hinab nach Abfaltersbach

81

geht, steht *Schloss Anras (Mo–Fr 10–12 u. 14–17, So 15.30–17.30 Uhr | Eintritt 5 Euro | www.schloss-anras.at)*. Ab 1200 war es Bischofs- und Gerichtssitz, heute ist es ein Museum und beheimatet eine der größten **INSIDER TIPP** Ausstellungen von Paul Flora, dem berühmten Tiroler Karikaturisten.

Das Hauben-Restaurant im *Vital-Landhotel Pfleger (Do–Di 11.30–14 u. 18–21 Uhr | Dorf 15 | Anras | Tel. 04846 62 44 | www. hotel-pfleger.at | €€)* ist ein Geheimtipp für Osttiroler Schmankerln und traditionelle Gerichte mit mediterraner Verfeinerung.

TRISTACHER SEE ★ (135 E5) *(ﾛ R8)*

Etwa 5 km südlich von Lienz liegt der einzige Badesee Osttirols (830 m), an seiner Ostseite ein beliebtes Strandbad. Eine halbe Stunde dauert die Seeumrundung. Am Westufer liegt das schönste Hotel der Umgebung, das *Parkhotel Tristacher See (Tel. 04852 6 76 66 | www. parkhotel-tristachersee.at | €€€)*. Die 53 Zimmer sind gediegen, die Preise auch. Vom Hotel führt ein Weg zum Naturdenkmal *Alter See (15 Min.)*, eine der letzten Moorlandschaften der Region mit einzigartiger Tierwelt. Schauen Sie erst **INSIDER TIPP** ab der Mittagszeit vorbei, vorher gibt es keine Sonne.

VILLGRATENTAL (134 B5) *(ﾛ O–P8)*

Ganz hinten im Tal liegt der abgeschiedene Ort *Innervillgraten*, bekannt durch die letzte große Wilderer-Saga Tirols: Anfang der 1980er-Jahre erschoss ein Jäger den Wilderer Pius Walder. Eines der besten Tiroler Gasthäuser ist der **INSIDER TIPP** *Gannerhof (Mo/Di geschl. | Innervillgraten 93 | Tel. 04843 52 40 | www. gannerhof.at | €€)*, ein Haubenlokal im Bergbauernstil, berühmt für seine Lammgerichte. Wenn Sie Bergbauernromantik mögen, ist die ● *Oberstaller Alm* genau

der richtige Ort für Sie: 19 urige Holzhütten und eine weiße Kapelle – mehr als 300 Jahre alt und unter Denkmalschutz – stehen in einer Siedlung zusammen auf 1864 m. Einige Hütten können Sie mieten, z. B. *Ferienwohnungen & Almhütten Gutwenger (Hochberg 23 | Innervillgraten | Tel. 04843 51 62 | www.gutwenger. at | €)*, die Ausstattung ist sehr ursprünglich: Holzherd, Plumpsklo, Petroleumlampen.

MATREI IN OSTTIROL

(134 C3) *(ﾛ P6)* **Dominiert vom mächtigen Turm der barocken Pfarrkirche Sankt Alban, dem „Matreier Dom", liegt Matrei (5000 Ew.) mitten im Nationalpark Hohe Tauern.**

Der Ort ist eingebettet zwischen den zwei höchsten Bergen Österreichs: dem Großvenediger (3662 m) und dem Großglockner (3798 m). Seit Beginn des 20. Jhs. kommen Touristen hierher, um die klare Luft und das einmalige Bergpanorama zu genießen. Im Sommer präsentiert sich der kleine Ort verschlafen, im Winter erwacht Matrei zum Skiparadies.

SEHENSWERTES

INSIDER TIPP INNERGSCHLÖSS

Am Matreier Tauernhaus (15 km nördl. der Ortschaft) beginnt die Wanderung zum schönsten Talschluss der Ostalpen. Linker Hand des Bachs führt ein breiter Fuhrweg, rechts ein kleiner Steig. Sie nehmen den Fuhrweg: Er führt vorbei an einer romantischen Felsenkapelle, die in den Berg hineingebaut ist. Kuppel der Kapelle ist der nackte Fels. Innergschlöß ist eine lauschige Siedlung alter Almhütten, die im Sommer teils bewohnt sind

OSTTIROL

oder vermietet werden. Rustikal speisen Sie im *Alpengasthof Venedigerhaus (Tel. 0650 4501813 | www.venedigerhaus-innergschloess.at | €–€€)*.

NATIONALPARKHAUS
Auf mehrere Stockwerke verteilt informieren Sie hier Multimediaausstellungen über den rund 1.850 km² großen Nationalpark Hohe Tauern. Sie sehen eine Schau über die Geschichte des Bergsports sowie einen kleinen Gebirgsbach, der mitten durchs Haus plätschert. Das größte Naturschutzgebiet im Alpenraum wurde mit seinen Natur- und Kulturlandschaften nach langem Ringen 1981 zum Nationalpark erklärt. Zum Programm gehören geführte Wanderungen und Skitouren. *Mo–Sa 9–18 Uhr | Kirchplatz 2 | www.hohetauern.at*

SANKT-NIKOLAUS-KIRCHE
Etwa 3 km von Matrei Richtung Virgen steht links in den Hang hinein gebaut ein echtes Kleinod: die Sankt-Nikolaus-Kirche, ein vollständig erhaltener, ganz schlichter, romanischer Bau aus dem 12. Jh., in dem noch Freskenreste aus dieser Zeit zu finden sind.

ZEDLACHER PARADIES
Übergroße Tiere – z. B. ein 3 m großer Bär – begleiten diesen Lehrpfad im Zauberwald über Tiere, Pflanzen und Sagen. Besonders schön ist es hier im Herbst, wenn sich die Nadeln der Bäume gelb färben *(nach dem Ortszentrum*

Die Sankt-Nikolaus-Kirche in Matrei beeindruckt durch ihren schlichten Stil

Matrei rechts den Schildern folgen). Am Rand des Zedlacher Paradieses steht der ⓦ *Bartlerhof (4 Zi. | Zedlach 8–9 | Tel. 04874 5609 | €)*, ein uriger Bio-Bergbauernhof mit Kneippanlage, Bauerngarten und Verkaufsräumen für die hofeigenen Produkte.

ESSEN & TRINKEN

KRÄUTERWIRTSHAUS STRUMERHOF
Hier verfeinern die „Kräuterhexen" die ursprünglichen Speisen, dazu gibt es

MATREI IN OSTTIROL

eine erlesene Auswahl an gediegenen Weinen – und das alles auf 1500 m Seehöhe. Highlight ist das Lamm. *Mai–Okt. tgl. | Hinteregg 1 | Tel. 04475 63 10 | www. strumerhof.at | €–€€*

INSIDER TIPP RAUTER

Das Haubenlokal im gleichnamigen Hotel in Matrei führt auf seiner Speisekarte traditionelle Spezialitäten wie Wild und Forellen, bietet aber auch für Osttirol ausgefallene Speisen, etwa Hummer oder Gänseleber, und ein erlesenes Weinsortiment an. *Tgl. ab 18.30, So ab 12.30 Uhr | Rauterplatz 3 | Tel. 04875 66 11 | www.hotel-rauter.at | €€–€€€*

FREIZEIT & SPORT

EUROPA-PANORAMAWEG ●
Einer der schönsten Wanderwege in der Region ist der Europa-Panoramaweg.

LOW BUDGET

▶ *Nationalpark-Wanderbus (www. hohetauern.at)*: Für nur 2 Euro pro Fahrt bringen Sie die Postbusse am Wochenende für Ihre Wanderungen nach Kals, ins Defereggen- und ins Virgental. *Fahrplan auf www. hohetauern.at*

▶ Planen Sie einen *Ausflug ins Pustertal*: Mit dem Rad-Bahn-Paket kommen Sie für 13,30 Euro mit der Bahn nach Innichen in Südtirol. Die 42 km nach Lienz radeln Sie zurück, und dann haben Sie noch einen Eintritt in einer Sehenswürdigkeit frei, entweder die Galitzenklamm, Schloss Bruck oder das Strandbad Tristacher See. *Im Verkehrsbüro*

Mit der Goldried-Bergbahn geht es auf 2190 m. Von dort führt der Weg flach in etwa zwei Stunden nach ☀ Kals. Der Panoramablick auf den Großglockner und 60 andere Dreitausender ist einmalig.

RADWANDERWEG ISELTAL

Matrei ist ein Bikerparadies, der Radwanderweg ist geeignet für die ganze Familie . Bei guter Kondition wählen Sie die 15 km lange Strecke über 500 Höhenmeter über Zedlach zum Strumerhof auf Asphalt. Geübte Biker nehmen den 23 km langen Schotterweg über 1200 Höhenmeter zur Bergstation Goldried.

UNION REIT- UND FAHRVEREIN ISELTAL
Kurse für Anfänger und Fortgeschrittene, auch Reittherapie. *Griesstr. 20 | Tel. 04875 67 25*

AM ABEND

ALTE MÜHLE
Das Haus und der dazugehörige Stadel wurden aus 200 Jahre altem Holz gebaut. Die Mühle ist urig, Livemusik und lokale Kleinigkeiten wie Schlipfkrapfen. *Gereitstr. 1 | Tel. 04875 64 08 14 | www. alte-muehle.at*

ÜBERNACHTEN

INSIDER TIPP HOTEL HINTEREGGER
Teil des Hauses war früher ein Kino, jetzt ist alles nagelneu, topmodern, mit Holz, tollen Bädern, großen Balkonen, schönem Wellnessbereich. *40 Zi. | Hintermarkt 4 | Tel. 04875 65 87 | www. hotelhinteregger.at | €€*

HOTEL OUTSIDE ☀
Wunderschönes Wellnesshotel. Von den Balkonen haben Sie herrliche Ausblicke, und der Spa-Bereich ist top. Im Sommer

OSTTIROL

können Sie zusätzlich in einem künstlichen Teich baden. *43 Zi. | Virgenerstr. 3 | Tel. 04875 5200 | www.hotel-outside.com | €€€*

AUSKUNFT

TOURISMUSINFORMATION MATREI IN OSTTIROL
Rauterplatz 1 | Tel. 050 212500 | www.matreiosttirol.at

ZIELE IN DER UMGEBUNG

DEFEREGGENTAL
(134 B–C4) (*O–P7*)
Das enge Tal (10 km von Matrei) ist ein beliebter Rückzugsort für Wanderer. Besonders frequentiert ist die Wanderung durch den *Oberhauser Zirbenwald*, den größten zusammenhängenden Zirbenbestand der Ostalpen. Er liegt in Sankt Jakob, dem ruhigen Hauptort des Tals. Verwöhnen lassen können Sie sich im 1000 m² großen Spa-Bereich des Sport- und Wellnesshotels *Jesacherhof (60 Zi. | Außerrotte 37 | Tel. 04873 5333 | www.jesacherhof.at | €€–€€€)*.

KALS AM GROSSGLOCKNER ★
(135 D3) (*Q6*)
Das urige kleine Örtchen auf 1325 m Seehöhe liegt am Fuß des Großglockners (3798 m), des höchsten Bergs Österreichs. Den schönsten Blick auf den Berg (und 60 weitere Dreitausender) hat man von der *Bergstation Blauspitz (Talstation Kals | 15 Min. Liftfahrt | Berg- und Talfahrt 19 Euro)* auf 2300 m – warm anziehen!
Die Ausstellung „Im Banne des Großglockners" im Keller des *Tourismusvereins (Ködnitz 7 | Eintritt 4 Euro)* erklärt den Werdegang Kals' vom Bergbauerndorf zum Tourismusort und das Brauchtum rund um den Berg.

VIRGENTAL (134 B–C3) (*O–P6*)
In der Ortschaft *Obermauern* (10 km von Matrei) steht eine spätgotische Kirche, die bekannt ist für ihre reichen Fresken. Die Wandmalereien stammen von Simon von Taisten aus dem 15. Jh. Ganz hinten im Virgental, bei Hinterbichl/Prägraten, liegen die beeindruckenden ★ *Umbalfälle*. Vom gebührenpflichtigen Parkplatz Ströden *(5,50 Euro)* können Sie in einer

Über die Umbalfälle stürzt die Isel mit Getöse zu Tal

halben Stunde bis zu den beiden Almen Pebell und Islitzeralm spazieren oder eine Kutsche nehmen. Dort beginnt der Wasserschaupfad. Die Wasserfälle beeindrucken besonders im Frühjahr kurz nach der Schneeschmelze. Auf verschiedenen *Aussichtsplattformen* kommt man ganz nah an die Katarakte heran.

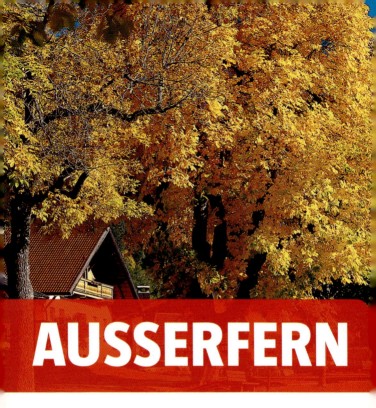

AUSSERFERN

Das Außerfern – also jenseits des Fernpasses – beeindruckt wie kaum eine andere Region Tirols durch ihre Schönheit. Vom Fuß der Zugspitze bis ins Lechtal hinein erstreckt sich die Ferienregion mit der romantischen Kulisse beeindruckender Berge und vieler Seen. Sportler bevorzugen die Zugspitzarena, Ruhesuchende das Lechtal oder das Tannheimer Tal.

EHRWALD & DIE ZUGSPITZARENA

(121 E–F 4–5,)(122 A–B 4–5) (🗺 E–F 3–4) **Zur Zugspitzarena gehören die Ort**schaften Ehrwald, Leermoos, Bichlbach, Berwang und Biberwier.

Schon seit Anfang des 20. Jhs. kommen Gäste nach Ehrwald (2700 Ew., 995 m). Hier hat man auch heute noch nicht das Gefühl, in einem Touristenort zu sein, eher in einem beschaulichen Dorf. Jahrelang herrschte in der Region Stillstand, mittlerweile aber weht ein Wind der Erneuerung. Hotels und Attraktionen bieten Luxus, der international jedem Vergleich standhält. *www.ehrwald.com | www.zugspitzarena.com*

SEHENSWERTES

BERWANG (121 F4) (🗺 E3)
In dem abseits vom übrigen Ortsgebiet Berwangs gelegenen Ortsteil Rinnen be-

Bild: Zugspitzarena im Herbst

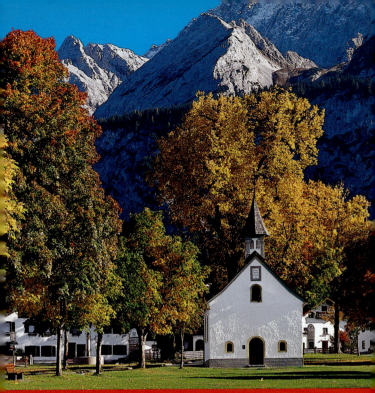

Die Region jenseits des Fernpasses glänzt mit ihrem atemberaubenden Bergpanorama wie sonst kaum eine andere Gegend in Tirol

findet sich mit dem *Stadl Bräu* die höchstgelegene Brauerei Österreichs. In der Hausbrauerei des *Hotel Gasthof Thaneller (Rinnen 38 | Tel. 05674 8150 | www.hotelthaneller.at | €€–€€€)* werden drei Sorten – Helles, Dunkles und Weißbier – gebraut. Lassen Sie sich vom Wirt nicht nur die Brauerei zeigen, sondern auch mit dem bunten Spielzug Stadl-Bräu-Express entführen. Es geht entweder zum nahen Wasserfall oder zum „Ende der Welt", einem Talschluss – hier wird das offene Tal ganz eng.

BICHLBACH (121 F4) (*E3*)
Der beschauliche Ort (900 Ew., 10 km von Ehrwald) ist ein Ferienziel für Biker und Wanderer. Die *Sankt-Josefs-Kirche (tgl. 9–18 Uhr)* (17. Jh.) auf einer kleinen Anhöhe ist die einzige Zunftkirche Österreichs. Hier wurden die Handwerker im Frühjahr verabschiedet, bevor sie allsommerlich in die Region zum Arbeiten aufbrachen. Im *Zunftmuseum (Wahl 31a | www.zunftmuseum.at)* erfahren Sie, wie Zimmerleute, Vergolder und Maurer damals gelebt haben.

EHRWALD & DIE ZUGSPITZARENA

Der *Badesee Bichlbach (tgl. 10–19 Uhr | 3,80 Euro | www.tiscover.at/bichlbach)* wird biologisch geheizt und gereinigt. Daneben können sich wasserscheuere Gäste auf Minigolf-, Beachvolleyball- und Tennisplatz vergnügen.

due *(53,50 Euro)*. Der romantische Sonnenuntergang und eine musikalische Begleitung sind dabei inklusive. Zurück geht es wieder mit der Gondel.

Zu kalt zum Baden, aber nicht zu schön zum Fotografieren: der Seebensee

ZUGSPITZE ★ (122 B4) (*F3*)
Der Blick vom Gipfel des höchsten Bergs Deutschlands (2962 m) ist ebenso atemberaubend wie der Preis für die Gondelfahrt *(37,50 Euro Berg- und Talfahrt | ca. 10 Min. | www.zugspitzbahn.at)*. Dafür ist der Eintritt ins *Bergmuseum* frei, in dem Sie einen Einblick in die Geschichte der Zugspitze und den Bau dieser ersten Tiroler Seilbahn erhalten. Hier oben steht übrigens auch der höchstgelegene Biergarten Deutschlands. Mittwochabend gibt es im *Gipfelrestaurant (Ende Mai–Ende Okt. tgl. 8.40–16.40 Uhr | Reservierung Tel. 05673 23 09 | www.zugspitze.at)* Fondue

ESSEN & TRINKEN

INSIDER TIPP DIE WÄRMFLASCHE
Ein junges Pächterpaar hat das Restaurant übernommen, die Gerichte haben Pfiff und sind frisch zubereitet. *Mo–Sa 17–23, So 11.30–14 Uhr, Mi geschl. | Berwang 50–55 | Tel. 05674 2 01 77 | www.diewaermflasche.at | €€–€€€*

FISCHER AM SEE
Nach den exquisiten Fischgerichten ist ein kleiner Spaziergang am Ufer des Heiterwanger Sees zu empfehlen. In vielen Gerichten werden Bio-Produkte und Kräuter aus dem eigenen Garten verarbeitet. *Fischer am See 1 | Heiterwang | Tel. 05674 51 16 | www.fischeramsee.at | €€*

AUSSERFERN

EINKAUFEN

INSIDER TIPP ► ZIEGENHOF-PETER ☺

Hier gibt es alles von der Ziege: Käse, Joghurt und Ziegenmilcheis, und zwar bio. Wenn der Ziegenpeter Zeit hat, setzt er sich zu Ihnen und erzählt Ihnen mit viel Tiroler Schmäh seine Bauernhofanekdoten. *Verkauf 17–19 Uhr | Lähngraben 10 | Tel. 05673 39 31 | www.ziegenhof-peter.at*

FREIZEIT & SPORT

WANDERN

Eines der schönsten Ziele ist der *Seebensee* (1657 m). Mit der *Ehrwalder Almbahn (tgl. 8.30–16.45 Uhr | 12 Euro | www.ehrwalderalmbahn.at)* geht es hinauf und dann noch etwa anderthalb Stunden zu Fuß. Bei gutem Wetter spiegelt sich das Zugspitzmassiv im kristallklaren, eiskalten Wasser.

WESTERN-REITERHOF

Erkunden Sie die Zugspitzarena wie ein Cowboy auf dem Rücken eines Pferdes. Außerdem „Stöpselreiten" für die Kleinen. *Joselerhof | Berwang 136 | Tel. 0664 2 23 49 12 | jb7-quarters.at*

AM ABEND

MUSIKCAFÉ

Konzerte, z. B. Blues oder Soul, Vorträge und Tiroler Abende gibt es in diesem Kulturzentrum. *Hauptstr. 27 | Tel. 0664 1 20 47 74 | www.musikcafe.at*

ÜBERNACHTEN

MOHR LIFE-RESORT

Schon bei der Ankunft ist das Haus ein optischer Genuss: Ruhige Farben und viel Holz dominieren den Eingangsbereich. Zirbenholzzimmer gibt's im Lifestyle-Teil des Hotels, komfortable und deutlich günstigere Unterkünfte im traditionellen Bereich. Großes Spa-Angebot. *64 Zi. | Innsbruckerstr. 40 | Lermoos | Tel. 05673 23 62 | www.mohr-life-resort.at |* €€–€€€

INSIDER TIPP ► PENSION SONNBLICK ☀

Verkehrsruhig in einer Sackgasse gelegen, mit einem schönen Ausblick und freundlichen Gastgebern. Einfach aber sehr gepflegt und persönlich. *5 Zi., 4 Ferienwohnungen | Berwang 75 | Tel. 05674 8115 |* €

SPORTHOTEL LOISACH

Mountainbiken, Wandern, Yoga, Ski- und Snowboardfahren – für Sportliche ist dieses freundliche Hotel mit seinen hellen Zimmern im Holzdesign (☀ Ausblick auf die Bergwelt inklusive) der perfekte Ort. Schauen Sie auf der Homepage nach den vergünstigten Packages. Mit Außen- und Innenpool und Fitnessraum für aktive Erholung. *40 Zi. | Unterdorf 6 | Lermoos | Tel. 05673 23 94 | www.sporthotel-loisach.com |* €€

★ **Zugspitze**
Von der Tiroler Seite ist der Aufstieg auf Deutschlands höchsten Berg am spektakulärsten
→ S. 88

★ **Burgenwelten Ehrenberg**
Ein Riesenspaß für die ganze Familie auf einer der größten mittelalterlichen Burgen Tirols mit Ritterturnieren, Waffen, Ritterausrüstung und Mittelaltermarkt
→ S. 91

★ **Plansee**
Ein Erlebnis wie im norwegischen Fjord → S. 92

MARCO POLO HIGHLIGHTS

REUTTE & DAS LECHTAL

AUSKUNFT

VERKEHRSBÜRO EHRWALD
Am Rettensee 1 | Tel. 05672 2 00 00 | www.zugspitzarena.com

ZIEL IN DER UMGEBUNG

SCHLOSS FERNSTEIN (122 A5) (*E3*)
Das Schloss liegt malerisch auf der Route nach Innsbruck (32 km von Reutte) gleich hinter dem Fernpass. 1519 erstmals erwähnt, beherbergte es Kaiser und Könige, die auf dieser einst wichtigen Verbindung zwischen Allgäu und Tirol unterwegs waren.
Die **INSIDER TIPP** privaten Seen *Fernsteinsee* und *Sameranger See* neben dem Schloss sind wegen ihrer Klarheit und einmaligen Flora ein Geheimtipp für Taucher, allerdings nur für die Gäste des *Hotels Fernsteinsee (33 Zi. | Nassereith | Tel. 05265 52 10 | www.schloss-fernsteinsee.at | €€)*. Das Hotel hat schöne Zimmer im Tiroler Stil und exquisite Suiten im Schloss selbst. Barocke Stuckdecke und antikes Mobiliar.

REUTTE & DAS LECHTAL

(120 –121 B–E 3–6) (*B–E 2–4*) **Eingebettet zwischen Lechtaler und Allgäuer Alpen liegt das Lechtal. Der wildromantische Lech und seine Auen – mittlerweile einer von Tirols schönsten Naturparks – durchziehen das Tal und laden zu Wanderungen und Radtouren ein.**
Der Hauptort *Reutte* (6000 Ew.), heute Bezirkshauptstadt des gesamten Außerfern, besticht durch kunstvolle Barockhäuser im Zentrum.

SEHENSWERTES

ALPENBLUMENGARTEN
Mehr als 600 Arten seltener hochalpiner Pflanzen wie Enzian oder Frauenschuh blühen hier auf dem Hahnenkamm *(mit den Reuttener Seilbahnen zu erreichen | Sommer tgl. 9–12 und 13–17 Uhr | Bergbahnstr. 18 | Führungen nach Voranmeldung Tel. 05672 62 15 | www.reuttener-*

Was blüht denn da im Alpenblumengarten? Jede Menge seltene Bergflora

seilbahnen.at). Wenige Minuten entfernt laufen Sie auf dem alpinen *Barfuß-Wanderweg* über Holz, durch Wasser, über Stein und sieben weitere Stationen – aber Achtung: Kuhfladen!

BURGENWELTEN EHRENBERG ★
(121 E–F3) *(🕮 E2–3)*

Hoch über der Straße zum Fernpass thront das Schloss von Ehrenberg aus dem 13. Jh. An seinem Fuß: die Ehrenberger Klause, die einst diese wichtige Durchzugsstraße bewachte. Einmal Ritter sein – diesen Traum können Sie sich im ● Museum *Dem Ritter auf der Spur* in der Klause erfüllen. Ritterrüstungen und -waffen zum Anfassen, vor allem für Kinder ein großer Spaß. Jedes Jahr am letzten Wochenende im Juli werden auf der Burg Ritterturniere, Mittelaltermarkt und Paraden aufgeführt. Die Burganlage können Sie frei begehen, beim Multimediaspektakel *Ehrenberg Historical* wird in einem Film *(30 Min.)* in einem der Gewölbe der Burg die Ritterzeit erklärt. Etwa eine Stunde brauchen Sie von Reutte aus, um hinauf zum Schloss und wieder hinunterzulaufen. Von oben hat man einen einmaligen Ausblick auf die Umgebung. *Tgl. 10–17 Uhr, Nov. geschl. | Kombiticket Museum und Multimediashow 10,50 Euro | www.ehrenberg.at*

ELBIGENALP (120 C5) *(🕮 C4)*

Der kleine Ort (850 Ew.) im Lechtal ist Geburtsort der Geierwally (s. S. 68) und Zentrum der Tiroler Schnitzkunst. Die bekannte *Schnitzschule (Hausnr. 57 | Tel. 05634 6226 | www.schnitzschule.at)* bietet Sommerkurse und verkauft Schnitzereien junger Schüler preisgünstig.

GRÜNES HAUS

Das Heimatmuseum im Zentrum von Reutte zeigt Exponate, die die handwerkliche, künstlerische und wirtschaftliche Entwicklung des Außerfern dokumentieren. Sehenswert sind vor allem die Werke der berühmten Künstlerin aus der Region – der „Geierwally" Anna Stainer-Knittel. *Mai–Okt. Di–So 10–16 Uhr | Untermarkt 25 | www.museum-reutte.at*

HOLZGAU (120 C6) *(🕮 B–C4)*

Die Häuserfassaden in Holzgau (500 Ew.) wurden vor Jahrhunderten mit religiösen Motiven kunstvoll bemalt – der Stil ist heute als Lüftlmalerei bekannt. Doch nur noch wenige originale Häuser sind erhalten, etwa das große rosarote am Dorfplatz. Die moderneren Fassaden in diesem Stil sind nicht original. Im Haus Nr. 35 ist heute das *Heimatmuseum (Juni–Okt. Mo/Mi 11–12 Uhr und auf Anfrage | Eintritt frei | Tel. 05633 5356)* untergebracht, das das karge, bäuerliche Leben beleuchtet.

ESSEN & TRINKEN

GOLDENES LAMM

Von den Gästen wurde er zu einem der beliebtesten Gasthöfe der Region gewählt. Hier verwöhnt man Sie mit Köstlichkeiten wie Lechtaler Käsespätzle oder Gamskeulenbraten, alles in bester Bio-Qualität. *Mi geschl. | Oberbach 14 | Weißenbach am Lech | Tel. 05678 5216 | www.goldenes-lamm.at* | €€

INSIDER TIPP **ZUM DORFWIRT**

Ausgezeichnete, gehobene Tiroler Küche in schönen Holzstuben. Mit Garten. *Tgl., im Alpenhotel Ernberg | Planseestr. 50 | Breitenwang | Tel. 05672 71912 | www.ernberg.at* | €€

EINKAUFEN

MEI GWAND VOM POSTHOF

Stilvolle Trachten, Dirndl und Schafmilchprodukte aus eigenem Anbau. Im Zent-

REUTTE & DAS LECHTAL

rum von Reutte. *Untermarkt 15 | Mob. 0676 3 42 32 58*

FREIZEIT & SPORT

LECHWEG
(120 –121 B–E 2–6) *( B–E 2–4)*
Dieser leichte Weg der Sinne führt 125 km durch eine der letzten Wildflusslandschaften Europas von der Quelle in Vorarlberg bis zum Lechfall in Füssen und gilt als europäisches Ideal eines Weitwanderwegs. Die Highlights auf den Etappen: die größte Steinbock-Kolonie Europas, ein Wasserfall, der jährlich versiegt und wieder entspringt, zahlreiche Hängebrücken mit bis zu 110 m Höhe. Einen der 15 Abschnitte sollten Sie einmal gewandert sein. *www.lechweg.com*

PLANSEE ★ (121 F2) *( E2–3)*
Die Wassertemperatur des größten Sees im Außerfern steigt selten über 20 Grad. Zwei Elektroboote kreuzen den ganzen Tag auf dem Plansee und fahren durch einen Kanal auch zum *Heiterwanger See (Rundfahrt 10 Euro)*. Die schroffen Berge erinnern an einen norwegischen Fjord. Zur Einkehr lädt die *Musteralm (Breitenwang | Tel. 05672 7 81 18 | www.musteralm.at)* hinter dem Campingplatz mit Hütten-Schmankerln ein.

LOW BUDGET

▶ Wenn Sie im Lechtal wandern wollen, nimmt Sie ein ● *Gratis-Wanderbus* im Halbstundentakt durch das Tal und die Seitentäler mit. *Infos auf www.lechtal.at*

▶ Das Lechtal ist am schönsten mit dem Fahrrad zu erkunden. Intersport in Reutte hat für Bikes einen verbilligten *Wochenendtarif*: Fr–Abend bis Mo–Morgen 25 Euro | Lindenstr. 25 | Tel. 05672 6 23 52

AM ABEND

INSIDER TIPP ▶ GEIERWALLY FREILICHTBÜHNE
Für alle, die sich (nicht nur) für lokale Geschichten wie die „Geierwally" oder die „Schwabenkinder" in Theaterform interessieren, wird im Sommer unter freiem Himmel gespielt. *Fr/Sa Kartenvorverkauf | Tourismusverband Lechtal | ab 16 Euro | Tel. 05634 5 31 5 12 | www.geierwally.lechtal.at*

CAFÉ STEH
Gemütliche Bar mit gemischtem Publikum im Zentrum von Reutte. *Di–Fr 10–2, Sa/So 14–2 Uhr | Untermarkt 33 | Tel. 05672 7 11 33*

ÜBERNACHTEN

HOTEL MOHREN
Das Gebäude ist mehr als 400 Jahre alt und steht unter Denkmalschutz. Moder-

AUSSERFERN

Doppelte Schönheit: An ruhigen Tagen wirkt der Plansee wie ein Spiegel fürs Traumpanorama

ne Zimmer geben Ihnen den Blick frei auf die beeindruckende Berglandschaft. Der Wellnessbereich ist nagelneu und mit großem Schwimmbad, finnischer und Biosauna sowie Dampfbad ausgestattet. *54 Zi. | Untermarkt 26 | Reutte | Tel. 05672 6 23 45 | www.hotel-mohren.at | €€*

OBERLECHTALER HOF

Das Hotel liegt mitten in Holzgau und ist unschwer an der prachtvoll bemalten Fassade zu erkennen. Die Zimmer sind sehr geräumig, besonders schön sind die handgeschnitzten Verzierungen an Decken und Wandvertäfelungen. *16 Zi. | Holzgau 40 | Tel. 05633 56 88 | www.oberlechtalerhof.com | €€*

AUSKUNFT

LECHTAL TOURISMUS
Elbigenalp 55b | Tel. 05634 53 15 | www.lechtal.at

TOURISMUSVERBAND FERIENREGION REUTTE
Untermarkt 34 | Tel. 05672 6 23 36 | www.reutte.com

ZIEL IN DER UMGEBUNG

TANNHEIMER TAL
(121 D2–3) (C–D2)
Eines der schönsten Hochtäler der Alpen, ein Paradies zum Wandern. Der schönste See mit glasklarem Wasser ist der INSIDER TIPP *Vilsalpsee* (1168 m) bei Tannheim. Kein Auto stört Sie, weil die Straße von Tannheim zum See gesperrt ist *(10–17 Uhr)*. Ein kleines Ruderboot vermietet das Lokal *Fischerstube (8 Euro)*.
Sehr gut speisen Sie am Vilsalpsee – im gleichnamigen, urigen *Gasthof (tgl. ab 10 Uhr | Bogen 10 | Tel. 05675 62 93 | €€)* gibt es hauptsächlich frischen Fisch, Spezialität ist die heiß geräucherte Forelle. Wer es extravagant mag, ist im Hotel *Liebes Rot Flüh (101 Zi. | Haldensee | Seestr. 26 | Tel. 05675 6 43 10 | www.rotflueh.com | €€€)* bestens aufgehoben. Der rosarote Bau erinnert an ein Schloss des Bayernkönigs Ludwig. Komfortable Zimmer, ein riesiger Wellnessbereich sowie mehrere Restaurants stehen Ihnen zur Verfügung. Außerdem: Der *Haldensee* ist nur zehn Gehminuten vom Hotel *Liebes Rot Flüh* entfernt.

93

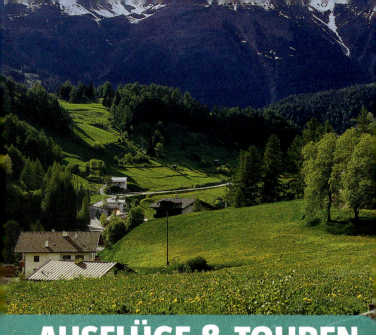

AUSFLÜGE & TOUREN

Die Touren sind im Reiseatlas, in der Faltkarte und auf dem hinteren Umschlag grün markiert

1 BURGENTOUR AM OBEREN GERICHT

Der 60 km lange Weg von Landeck zum Reschenpass, das Obere Gericht, war früher einer der wichtigsten Übergänge über die Alpen nach Italien und deswegen mit zahlreichen Burgen gesichert. Einige dieser Burgen sind einen Besuch wert. Dafür lohnt ein ganzer Tag. Die Öffnungszeiten der Burgen ändern sich oft. Das örtliche Tourismusbüro weiß immer, wann welche Burg geöffnet hat.

Schauen Sie sich im **Schloss Landeck → S. 65** die sehenswerte Ausstellung über die Tiroler Migration an und machen Sie sich dann selbst auf den Weg: den Inn entlang, Richtung Reschenpass.

Etwa 12 km nach Landeck führt eine eiserne Brücke über den Inn. Die **Pontlatzbrücke**, heute modernisiert, spielte 1703 während des Spanischen Erbfolgekriegs und 1809 während der Tiroler Befreiungskriege eine bedeutende Rolle. Die Tiroler Schützen zerrieben hier die feindlichen Truppen, indem sie Baumstämme und Felsbrocken von den Bergen rollten. Setzen Sie Ihre Reise auf der Reschenbundesstraße fort. Kurz nach der Ortschaft *Pfunds* liegt das **Hotel Kajetansbrücke**. Hier beginnt die Führung zur **Grenzfeste Altfinstermünz** *(Di–So 11–16 Uhr | mit Audioguide 5 Euro | Anmeldung erwünscht Tel. 05474 2 00 42 | www.altfinstermuenz.com)*. Bis zum Bau der Reschenbundesstraße im 19. Jh. führte an dieser in den Hang gebauten Befes-

Mit der Straßenbahn ins Hochgebirge, mit dem Rad durchs Iseltal – Tirol lässt sich nicht nur mit dem Auto oder zu Fuß erkunden

tigungsanlage aus dem 15. Jh. an der engen Talstelle auf der Nord-Süd-Route kein Weg vorbei. An der Brücke wurde der Zoll eingezogen. Der höher gelegene Wehrturm ist mit der restlichen Anlage über einen 35 m langen Tunnel im Felsen verbunden. Während der einstündigen Führung erfahren Sie mehr über Geschichte und Bedeutung des Oberen Gerichts.
Zurück beim Hotel Kajetansbrücke führt der Weg weiter nach *Nauders*. Kurz vor der Ortschaft liegt das **Sperrfort Nauders** *(So und Mi 15 Uhr | Gruppenführungen nach tel. Vereinb. | Eintritt 5 Euro | Tel. 05473 8 72 42 | www.nauders.com)*. Der imposante, fünfgeschossige Steinquaderbau wurde zwischen 1836 und 1846 von den Habsburgern gegen mögliche Invasionen aus Italien gebaut und ist das einzige Bauwerk dieser Art in Österreich, das innen wie außen unverändert geblieben ist. Ein Teil der mehr als 50 Räume wurde tief in den Fels hineingebaut. Im Inneren des Forts ist ein militärisches Museum mit Waffen, Uniformen und Ausrüstung untergebracht.

Die letzte Burg auf der Tour ist **Schloss Naudersberg** *(Di, Mi, Fr, So 16.30 Uhr oder für Gruppen auf Anfrage | Eintritt 5 Euro | Tel. 05473 8 72 42 | Tel. 05473 8 74 70 | Mob. 0664 9 22 44 95 | www. schloss-nauders.at)* (1380 m), etwa 1 km hinter der Ortschaft Nauders. 1239 erstmals erwähnt, diente das Schloss bis ins 20. Jh. als Gerichtssitz. Im 15. Jh. wurde es von den Engadinern geplündert, später wieder aufgebaut und erhielt so sein heutiges, prunkvolles Aussehen. Besonders schön ist die prächtige Vertäfelung im alten Gerichtssaal. Im Turm liegen die ehemaligen Gefängniszellen, im 2. Stock befindet sich ein Museum mit Exponaten lokaler Künstler. Sehenswert sind vor allem die Kruzifixe von Barthlmä Kleinhans, der als Kind erblindete und trotzdem noch mehr als 300 Kreuze schnitzte. Fahren Sie nach der Besichtigung noch 20 km weiter, über den **Reschenpass** (1455 m) in den **Vinschgau** nach Südtirol (Italien). Etwa 3 km hinter dem Pass liegt eines der schönsten Fotomotive der Welt: der **Reschensee**. 1950 wurde er auf dem Gebiet der ehemaligen Ortschaft Graun aufgestaut. Der Kirchturm ist das einzige Bauwerk, das damals nicht abgerissen wurde. Seither ragt die Spitze aus der Mitte des 6 km langen Sees.

2 MIT DER STRASSENBAHN INS HOCHGEBIRGE

Einer der schönsten Rundwanderwege ist der 7 km lange Zirbenweg vom Patscherkofel zum Glungezer, hoch über Innsbruck. Mit festem Schuhwerk ist er leicht zu bewältigen. Die netteste Möglichkeit, ihn von Innsbruck zu erreichen, ist die Straßenbahnlinie Nr. 6. Etwa fünf bis sechs Stunden sollten Sie für die Tour veranschlagen.

Die Linie 6 startet unterhalb des **Bergisel** → S. 34, neben dem **Stift Wilten** → S. 38. Sie rumpelt romantisch durch den Wald, vorbei an **Schloss Ambras** → S. 36 bis nach **Igls** → S. 43. Ein paar

Der phantastische Ausblick lockt jede Menge Wanderer auf den Zirbenweg am Patscherkofel

AUSFLÜGE & TOUREN

Minuten von der Endstation in Igls aufwärts liegt die **Patscherkofelbahn**. Der **Patscherkofel** ist der Hausberg von Innsbruck, die Abfahrtsstrecke der Olympischen Spiele 1964 und 1976. Die Gondelbahn bringt Sie hinauf auf 2000 m zur Bergstation. Von hier haben Sie die Möglichkeit, den ☀ INSIDER TIPP ► **Gipfel des Patscherkofel** (2246 m) zu besteigen (etwa 20 Min.) und den gewaltigen Rundumblick zu genießen oder weiter Richtung Osten zum **Zirbenweg** zu spazieren. Der Zirbenweg führt durch einen der ältesten geschlossenen Zirbenkieferbestände des Alpenraums. Das schönste an diesem Weg ist der Ausblick: ☀ Gipfel reiht sich an Gipfel in den Stubaier Alpen und dem Karwendel, Innsbruck und das halbe Inntal liegen Ihnen zu Füßen. In zwei bis drei Stunden wandern Sie unter der Viggarspitze und Neunerspitze bis zur ☀ **Tulfein-Alm** (€). Hier auf 2035 m können Sie noch einmal den Ausblick genießen, bevor Sie mit der **Glungezerbahn** hinunter nach **Tulfes** kommen. Ein Bus bringt Sie wieder zurück nach Igls, wo die Straßenbahn wartet. *Das Kombiticket für den Bus und die beiden Gondelfahrten kostet 22 Euro.*

 ### DAS GLÄSERNE TIROL

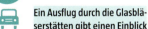 Ein Ausflug durch die Glasbläserstätten gibt einen Einblick in eine Kunst, die in Tirol eine lange Tradition hat. Für die 60 km lange Tour und die Besichtigungen sollten Sie sich einen ganzen Tag Zeit nehmen.

Die Tour beginnt in **Kufstein** → S. 52 bei der **Glashütte Riedel** → S. 53 *(Mo–Fr 9–12 u. 13–16 Uhr | Weissachstr. 28–34 | Tel. 05372 6 48 96 | www.riedel.com).* In der Ausstellung in der Fabrik erfahren Sie, wie die Ausnahmeweingläser von Mund geblasen werden. Der Weg führt weiter über die Inntalautobahn bis nach **Rattenberg** → S. 59 ins Herz der Glasbläserei. In der Fußgängerzone der mittelalterlichen Altstadt können Sie Glasbläsern in ihren kleinen Werkstätten bei der Arbeit zuschauen und Souvenirs erwerben. Die letzte Station ist der „Grüne Riese" der Firma Swarovski. Die wasserspeiende Riesensenskulptur ist Markenzeichen der **Swarovski Kristallwelten** → S. 47 *(tgl. 9–18.30 Uhr | Kristallweltenstr. 1 | Tel.05224 5 10 80 | Eintritt 11 Euro | kristallwelten.swarovski.com)* in *Wattens,* in denen der weltberühmte Familienbetrieb seine kunstvollen Kristallprodukte zeigt.

 ### MIT DEM RAD VON LIENZ DURCH DAS ISELTAL

Der ☀ **Iseltalradweg** gehört zu den beeindruckendsten Radwegen Österreichs, vor allem dank des tollen Ausblicks auf die Großvenediger-Kette. Die Tour ist etwa 60 km

97

lang und führt leicht bergan, bis Huben gibt es nur kurze Steigungen zu bewältigen. Die Strecke ist, je nach Kondition, in 2,5 bis vier Stunden zu schaffen.

Falls Sie noch etwas Kultur einbauen möchten, können Sie ihren Ausflug schon auf dem Drautalradweg in **Aguntum → S. 77** beginnen, den Ausgrabungen der 2000 Jahre alten Römerstadt mit ihrem Museum. Fahren Sie dann weiter nach **Lienz → S. 76** und genießen Sie einen Kaffee am schönen Hauptplatz, der schon sehr mediterran wirkt. Am Lienzer Hausberg Hochstein, kurz nach der Abzweigung Richtung Matrei liegt **Schloss Bruck → S. 78**, das Sie auf jeden Fall besichtigen sollten, da es die reichhaltigste Sammlung des berühmten Osttiroler Malers Albin Egger-Lienz zeigt.

Hier, am Fuß des Schlossbergs, beginnt gleich hinter der Tankstelle der eigentliche Iseltalradwanderweg. Sie fahren weiter, nach **Sankt Johann im Walde** und vorbei an der Ruine Kienburg bis **Huben**. Hier folgen Sie einer wenig befahrenen Straße durch Felder und Wiesen bis nach **Matrei → S. 82**. Zurück nach Lienz kommen Sie mit dem regulären Postbus, der auch Fahrräder transportiert. *Informationen und Kartenmaterial erhalten Sie in allen Verkehrsämtern*

RUND UM DAS KAISERGEBIRGE

Eine der schönsten Rundfahrten Tirols führt durch die zwei Hauptorte des Tiroler Unterlandes – Kitzbühel und Kufstein – und bietet einen beeindruckenden Blick auf das kaiserliche Bergmassiv. Für die Tour sollten Sie sich einen Tag Zeit nehmen.

Der Weg beginnt in **Kitzbühel → S. 48** und führt zuerst durch das **Brixental → S. 51**. Über Kirchberg, Westendorf und Hopfgarten geht es bis nach *Wörgl*. Ein Zwischenstopp bietet sich am barocken Prachtbau der **Pfarrkirche Sankt Jakob und Sankt Leonhard** in Hopfgarten an, die wegen ihrer Größe und ihren zwei Türmen auch Dom des Brixentales genannt wird. Über die Bundesstraße geht es jetzt nach **Kufstein → S. 52**, wo es eine Menge zu sehen gibt: die **Festung → S. 52** mit der Heldenorgel etwa, auf jeden Fall aber die Römerhofgasse in der Altstadt mit ihrem imposanten Bogen, der zwei Häuser miteinander verbindet. Kehren Sie im **Auracher Löchl → S. 52** ein, wo das berühmte Kufsteinlied entstanden ist. Der nächste Halt auf der Strecke ist **Ebbs → S. 54** mit der wichtigsten Haflinger-Zucht der Welt. Auf dem **Fohlenhof → S. 54** können sie eine Show besuchen.

Weiter geht es durch den Kaiserwinkl, der von den Orten Rettenschöss, Walchsee, Kössen und Schwendt gebildet wird. Warum nicht jetzt die Wanderschuhe auspacken? Dank vieler Almen ist die Region sehr beliebt – und im **Walchsee** wartet ein frisches Bad. Nordwestlich vom Orstkern liegt eine landschaftliche Besonderheit: die INSIDER TIPP **Schwemm**, Nordtirols größte Moorlandschaft, Heimat zahlreicher seltener Tier- und Pflanzenarten.

Nach Kössen und Kirchdorf folgt das nächste Ziel: **Sankt Johann in Tirol**. Eine Sünde wert sind die Kuchen im fast 100 Jahre alten **Café Rainer** *(tgl. | Speckbacherstr. 6 | Tel. 05352 6 22 35 | www.cafe-rainer.com)* im Zentrum. Von hier sind es nur noch ein paar Minuten zurück zum Ausgangspunkt nach Kitzbühel.

DIE VERSTECKTE ROUTE

Eine Strecke für alle, die mit ihrem Auto gerne Kurven fahren: Abseits der üblichen Route über

AUSFLÜGE & TOUREN

die Autobahn Innsbruck-Landeck geht es durch das landschaftlich beeindruckende, ursprünglich gebliebene Sellraintal bis ins Ötztal. Zu bewältigen ist die Strecke in etwas mehr als einer Stunde, sie lässt sich aber gut zum Tagesausflug ausbauen.

Über Autobahn oder Bundesstraße geht es zunächst an Völs vorbei von **Innsbruck → S. 33** nach Kematen und dann Richtung Süden, ins schmale Sellraintal. Der Fluss, der sich vom Kühtai hinunterwindet, ist die Melach. Dort, wo sie in den Inn mündet, trennt sie – zumindest nach einer der vielen Auslegungen – das Ober- vom Unterland. Das Sellraintal ist hier an seinem Anfang touristisch noch wenig erschlossen, selten erleben Sie Tirol ursprünglicher: Auf den steilen Hängen wird die Landwirtschaft teilweise noch mit der Hand verrichtet.

Im Hauptort **Sellrain** steht eine der wenigen gotischen Kirchen des Landes, die Wallfahrtskirche Sankt Quirin. Die Schnitzfiguren und Wandmalereien im Innern stammen aus dem 15. und 16. Jh.

Die Straße zieht sich durch Lawinengalerien bis zum Haupttourismusort des Tals, dem **Kühtai → S. 103** auf rund 2000 m Höhe. Das Dorf wirbt damit, der höchste Skiort des Landes zu sein. Nicht einmal zehn Einwohner sind hier gemeldet: Selbst das ehemalige Jagdschloss von Kaiser Franz Josef am Dorfende, das einem seiner vielen Verwandten gehört, ist heute eines der vielen Hotels, die nur im Winter geöffnet haben. Die alpine Umgebung lässt sich auf einer der zahlreichen Wanderrouten erkunden.

Hinter dem Kühtai geht es wieder bergab, an einem Stausee vorbei, bevor Sie das **Ötztal → S. 69** erreichen. Besuchen Sie in **Oetz → S. 69** auf jeden Fall das **Turmmuseum → S. 71**, tiefer im Ötztal können Sie sich dann in der Therme Längenfeld, dem **Aqua Dome** *(Tel. Oberlängenfeld 140 | 05253 64 00 | www. aqua-dome.at)*, verwöhnen lassen oder das **Ötzi-Dorf → S. 70** besuchen. Zurück nach Innsbruck geht es über die Autobahn, planen Sie aber noch einen Halt im prächtigen **Stift Stams → S. 73** ein.

Aqua Dome in Längenfeld: Wasserspiele in der modernsten Therme Österreichs

99

SPORT & AKTIVITÄTEN

Tirol ist ein Paradies für Sportler. Zum Skifahren, Snowboarden oder Rodeln wird man in ganz Österreich keine besseren Möglichkeiten finden. Aber auch im Sommer ist Tirol top, für Mountainbiker, Kletterer oder Wanderer.

Auf Adrenalinjunkies wartet also ein ebenso breites Angebot wie auf Erholungssuchende. Und Tirol tut alles, um das Sportangebot laufend zu verbessern und die Anlagen und Wege auf dem neuesten Stand zu halten.

BIKEN & RADFAHREN

Mehr als 800 km quer durch Tirol in mehr als 30 Etappen mit unterschiedlichen Schwierigkeitsgraden, die alle gut ausgeschildert sind, warten auf Mountainbiker auf dem *Bike Trail Tirol (www.biketrail.tirol.at)*. Im *Bike-Park-Tirol* im Wipptal oder im *Bikepark Hopfgarten* finden Freerider ihr Glück *(www.bike.tirol.at)*. Der *Inntalradweg* zieht sich am Inn entlang flach durch das ganze Land. Allerdings verläuft er über weite Strecken neben der Autobahn und ist nicht immer besonders schön. Mehr als 40 km lang ist ein Radweg durch das Zillertal. Er beginnt am Inntalradweg in Rotholz und führt dann über Strass, Aschach, Zell am Ziller, Hippach bis nach Mayrhofen.In Osttirol findet sich der Drauradweg, der von Sillian bis Lienz und weiter bis Marburg führt und zu einem der schönsten Radwege Österreichs gehört. *Ausführliche Informationen finden Sie unter www.tirol.gv.at/themen/sport/radfahren*

Bild: Gletscherwanderer im Wildspitzmassiv

Ob Sommer oder Winter, grüne Almen oder weiße Pisten: Die Berge Tirols bieten unzählige Möglichkeiten, sich sportlich zu betätigen

GOLF

Eine der schönsten Anlagen ist der *Golfclub Wilder Kaiser (Dorf 2 | Ellmau | Tel. 05358 42 82 | www.wilder-kaiser.com)*. Auch zu empfehlen: *Mieminger Plateau (Obermieming 141e | Mieming | Tel. 05264 53 36 | www.golfmieming.at)*.

KLETTERN

Tirol ist ideal für Kletterfreaks. Die besten *Klettergärten* finden sich in Innsbruck auf dem Weg zur Hungerburg oder in Zirl. Sehr gute Infos und die letzten News gibt es auf *www.climbers-paradise.com*. *Kletterschulen* bieten je nach Können Kurse und Touren an: *Adventure Center Element 3 (Winklernfeld 1 | Kitzbühel | Tel. 0664 100 05 80 | www.element3.at)*; *Bergsteigerschule Stubai (Bahnstr. 7 | Fulpmes | Tel. 05225 6 34 90 | www.bergsteigen-stubaital.at)*

Mit mehr als 80 begehbaren Routen und einer großen Boulder-Anlage wartet die *Kletterhalle Imst (Sept.–April*

Wer wird denn bei diesem Wetter gleich in die Luft gehen? Paraglider natürlich!

tgl. 14–22 Uhr | Am Raun 25 | Tel. 05412 62 65 22 | Tageskarte 8,50 Euro | www.kletterhalle.com) auf, eine der größten Tirols. Mit dem *Kletterzentrum Tivoli (Sept.–April tgl. 10–20, Mai–Juni tgl. 14–22, Juli–Aug. tgl. 17–22, bei Regenwetter 14–22 Uhr | Stadionstr. 1 | Eintritt ab 8,30 Euro | Tel. 0512 39 73 40 | www.kletterzentrum-tivoli.at)* steht eine der modernsten Indoorkletteranlagen Österreichs in Innsbruck. Neu gebaut wurde das Sportzentrum *arl.rock (Mo–Fr ab 9, Sa/ So ab 12 Uhr | Bahnhofstr. 1 | Tageskarte 12 Euro | Tel. 05446 26 25 | www.arlrock.at)* in Sankt Anton am Arlberg: Bouldern, Seilklettern und im Winter Eisklettern an der Außenwand. Außerdem: Squash, Tennis, Kegeln.

Bei einem *Klettersteig* sind im Fels künstliche Tritte und Griffe vorgegeben. Entlang des Steigs führt ein Stahlseil, in das man sich mit Karabinern einhängt (Klettersteigset erforderlich). Das ist wirklich nur etwas für Schwindelfreie. Der ❄ *Innsbrucker Panorama Klettersteig* führt etwa fünf Stunden über sieben Gipfel und bietet einen herrlichen Ausblick auf die Stadt. Ein weiterer, nicht allzu schwieriger und INSIDER TIPP sehr romantischer Klettersteig führt entlang des Stuibenfalls im Ötztal. Den krönenden Abschluss Ihrer Tour bildet eine Seilbrücke, über die Sie den Wasserfall queren. *Infos zu den Tiroler Klettersteigen: www.tirol.at*

NORDIC WALKING

Das größte Angebot für den sanften Sport finden Sie in der Silberregion Karwendel rund um Schwaz. Hier erlaufen Sie sich auf 43 Strecken mehr als 400 km Tirol, von der Speedstrecke bis zur gemütlichen Familienwanderung. In Söll wurde ein *Nordic-Walking-Kompetenzzentrum (Infos unter Tel. 05333 52 16 | www.soell.at)* eingerichtet. Das Tannheimer Tal im Außerfern wirbt mit der größten Lauf- und Nordic-Walking-Arena Tirols mit allen Schwierigkeitsgraden, eigens erstellten Karten und wöchentlichen Anfängerkursen, bei denen man die

SPORT & AKTIVITÄTEN

richtige Technik erlernen kann. *Infos im Tourismusbüro (Tel. 05675 6 22 00 | www. tannheimertal.com)*

PARAGLIDING

Auf dem Mieminger Plateau oder bei Kössen sind die schönsten Fluggebiete in Tirol. Eine Ausbildung ist vorgeschrieben. *Osttirol: Blue Sky Flugschule (Sillian 83 | Hochpustertal | Tel. 04842 2 00 10 | www. bluesky.at); Unterland: Flugschule Westendorf (Westendorf | Tel. 05334 68 68 | www.para.at); Oberland: Tirol Alpin (Leutasch | Tel. 05214 5152 | www.tirolalpin. at); Stubaital: Flugschule Parafly Neustift (Tel. 05226 33 44 | www.parafly.at)*

RAFTING

Das Boot einfach in den Fluss zu werfen und loszupaddeln ist in Tirol verboten: Sie brauchen einen professionellen Anbieter. Die Bandbreite reicht von einer ruhigen Fahrt auf dem Inn bis zu einem heißen Wellenritt über einen Gebirgsfluss. Alle Schwierigkeitsgrade bieten *Bruno Pezzey Outdoor (Simmeringstr. 10 | Silz | Tel. 05263 55 83 | www.flossfahrt.at)* oder *Mountain High (Dorfstr. 17 | Kirchdorf | Tel. 05352 6 21 01 | www.mountainhigh.at)*. Zahlreiche andere Anbieter unter *www.aktiv-tirol.com/rafting.htm*

RODELN

250 ausgebaute Rodelstrecken stehen den Schlittenfans im Winter zur Verfügung. Beliebt sind vor allem nächtliche Rodelpartien wie etwa im Kühtai: In einer halben Stunde spaziert man auf die Graf-Ferdinand-Hütte oder lässt sich mit dem Rodel-Shuttle bei der Talstation Drei-Seen-Lift abholen. Sommerrodelbahnen gibt es in Imst, im Stubaital oder in Leutasch *(s. Mit Kindern unterwegs)*

SKIFAHREN & SNOWBOARDEN

Die hippsten Skigebiete mit großem Après-Ski-Angebot sind Arlberg, Ischgl, Serfaus und Hochfügen im Zillertal. Im Skigebiet Penken befindet sich die steilste präparierte Piste Österreichs, mit dem vielsagenden Namen „Harakiri".

Ein ruhiges Familienskigebiet mit Schneegarantie ist die Rosshütte in Seefeld.

Das *Kühtai* hat **INSIDER TIPP** einen der besten Snowboardparks in ganz Tirol, mit hohen Schanzen, Sprüngen, Slidebars. Auch der Nordpark auf der Seegrube hat einen tollen Park. Die Seegrube ist bei Snowboardern, vor allem wenn es frisch geschneit hat, sehr beliebt, weil es dort einige tolle Powder-Strecken gibt. Einfacher und für Einsteiger geeignet ist der Park in der Axamer Lizum. Auch in Ischgl wurde ein riesiger Park gebaut.

WANDERN

Tirol ist ein wahres Paradies für Wanderer. Die große Palette reicht von hochalpinen bis zu sehr gemütlichen Touren. Der *Adlerweg (www.tirol.at/adlerweg)* (von oben sieht die Silhouette aus wie ein Adler) zieht sich quer durch das ganze Land , der *Lechweg (s. S. 92)* beginnt am Ursprung des Lechs und endet am Lechfall in Füssen. Die Wege sind in gelb ausgeschildert und die angegebenen Zeiten sind nicht von Trödlern geschrieben worden.

Beliebt sind auch Wanderhotels, die sich auf diese Zielgruppe spezialisiert haben. Wer Entschleunigung sucht, ist zum Beispiel in diesem Hotel mit seiner gemischt modern-urigen Gestaltung genau richtig: **INSIDER TIPP** *Kirchenwirt im Pitztal (Plangeroß 10 | Tel.05413 8 62 15 | www. kirchenwirt-pitztal.at)*

MIT KINDERN UNTERWEGS

Kraxeln, Spielen, Entdecken – der Tiroler Tourismus hat sich schon vor einigen Jahren auf die Kinder seiner Gäste eingestellt.

Spezielle Kinderhotels bieten Betreuung und Animation für den Nachwuchs und geben Eltern die Möglichkeit, ihren Urlaub noch intensiver zu genießen *(www.family.tirol.at)*. Ein großes, modernes Kinderhotel mit Abenteuerspielplatz auf dem Dach, Riesenrutschbahn und Piratenschiff ist etwa das *Hotel Alpenrose (90 Zi. | Danielstr. 3 | Tel. 05673 24 24 | www.hotelalpenrose.at | €€€)*. Dagegen wird im INSIDERTIPP ▶ *Replerhof (14 Zi. | Sankt Andrä 73 | Tel. 04877 63 45 | www.replerhof.at | €€€)* in Prägraten in Osttirol ganz auf Natur gesetzt. Im angeschlossenen Bauernhof können die Kinder Ursprünglichkeit entdecken. Wirklich viel geboten für die Kleinen wird im *Hotel Ballunspitze (75 Zi. | Galtür 20 | Tel. 0544 82 14 | www.ballunspitze.com | €€–€€€)* in Galtür: Babybetreuung, Kinderabenteuerwoche, Schwimmunterricht.

Aber nicht nur Hotels, ganze Ortschaften bezeichnen sich mittlerweile als Familiendörfer, wo die Kinderbetreuung jedes Jahr unter einem anderen, lustigen Motto steht *(www.family.tirol.at)*.

INNSBRUCK

ALPENZOO INNSBRUCK (U C1) (*c1*)
Bären, Luchse, Elche – mehr als 2000 Tiere und 150 verschiedene Arten, die in den Alpen früher heimisch waren oder heute

104 Bild: Erlebniswelt Serfaus

Für den Nachwuchs sind die Berge und Flüsse, die Tier- und Pflanzenwelt Tirols ein wahres Entdecker- und Erlebnisparadies

noch dort leben, sind in dem höchstgelegenen Zoo Europas (750 m) zu Hause. Auf dem Schaubauernhof sind vor allem die vom Aussterben bedrohten Nutztierrassen interessant und sehenswert.
Fahren Sie am besten mit dem Bus „Sightseer" oder der Hungerburgbahn (s. S. 36), denn es gibt leider nur sehr wenige Parkmöglichkeiten. *April–Okt. tgl. 9–18, Nov.–März 9–17 Uhr | Weiherburggasse 37 | Erw. 8, Kinder 4 Euro. Spezielles Kombiangebot: Parken in der Garage des Congress, Fahrt mit der Hungerburgbahn und Zooeintritt 10 Euro | www.alpenzoo.at*

ERLEBNISBERG MUTTERERALM
(123 E6) (*H5*)
Kinder tollen hier im Mega-Baumhaus oder auf dem Abenteuerspielplatz herum, plantschen in kleinen Seen oder drehen am Mühlrad. Einen Streichelzoo gibt es auch. Hinauf kommen Sie mit der neuen Gondel *(Berg- und Talfahrt 9,50 Euro). Tgl. 9–17 Uhr bei gutem Wetter | Mutters | www.muttereralm.info*

SOMMERRODELBAHN STUBAI
(131 E1) (*ΩΩ H5*)

Über 40 Steilkurven geht es 2,8 km in die Tiefe. Der Einstieg liegt direkt neben der Bergstation Koppeneck der Serlesbahnen in Mieders. *Mitte Mai–Okt. Mo–Fr 9–17, Sa/So 9–18 Uhr | eine Fahrt (inkl. Gondel) 10,50 Euro | www.serlesbahnen.at*
Von der Bergstation können Sie mit dem *Stubaier Alpenexpress (3,50 Euro/Fahrt)*, einem Traktor mit Hänger, in einer halben Stunde zum Kloster Maria Waldrast kutschieren.

OBERLAND

ALPINE COASTER IMST
(121 F6) (*ΩΩ E4*)

Auf der längsten Alpenrodelbahn aus 1500 m Höhe in 12 Minuten auf einer Länger von 3,5 km ins Tal sausen – teilweise 6 m über dem Boden? *Juni–Sept. tgl., Mai/Okt. Do–So 9–17 Uhr | Hoch Imst 19 | Hochimst | Lift und Rodelbahn 10,50 Euro | www.alpine-coaster.at*

INSIDER TIPP ERLEBNISWELT SERFAUS
(129 D–E3) (*ΩΩ D6*)

Bei den Wasserrädern und -rinnen, Erdrutschhügeln, der Hängebrücke und den Abenteuerspielplätzen nahe der Mittelstation Komperdell können sich die Kleinen austoben, Schlammschlachten veranstalten und Staudämme bauen. Hobbydetektive machen eine Abenteuerwanderung rund um den Alpkopf und entdecken das Geheimnis eines abgestürzten Flugzeugs. *Juni–Okt. tgl. 8.30–17 Uhr | Gondel (Berg- und Talfahrt) Erw. 12,30, Kinder gratis | Tel. 05476 62 03 | www.serfaus-fiss-ladis.at; www.sommererlebniswelt.at*

LOCHPUTZKLAMM (129 E1) (*ΩΩ D5*)
Auf der einstündige Wanderung durch die enge Klamm in Zams gibt es viel zu

erleben: einen 30 m hohen Wasserfall, eine 40 m hohen Fontäne und eine 80 m langen Tunnel durch den Fels. Im Winter finden Abendwanderungen durch die ansonsten geschlossene Klamm statt *(Mi 19.30 Uhr | Erw. 3, Kinder 2 Euro). Mai–Sept. tgl. 9.30–17.30, Okt. tgl. 9.30–16.30 Uhr, im Juli/Aug. zusätzlich Mi 20–22 Uhr | Erw. 3,50, Kinder 2,50 Euro | www.zammer-lochputz.at*

SPIELPARK LEUTASCH (122 C5) (*ΩΩ G4*)
Manche Attraktion ist zwar schon leicht abgenützt – die Hüpfburgen etwa. Eine Fahrt mit dem „RolbaRun", der Sommerrodelbahn, ist aber trotzdem noch immer eine lustige Abwechslung. *Mai–Okt. 9–18 Uhr | von Seefeld aus Richtung Leutasch, bei der Ortschaft Buchen | Erw. ab 8, Kinder ab 6 Euro | www.kinderspielpark-leutasch.com*

UNTERLAND

ALPINOLINO (125 F4) (*ΩΩ N3*)
Spielen, forschen und entdecken können Kinder auf dem 1,5 km langen Weg rund um die Choralpe in Westendorf: die Sinne erproben, sich im Weitsprung oder Wettlauf messen oder Murmeltiere beobachten. *Tgl. 8.30–17 Uhr | Bergbahnen Westendorf | Gondel (Berg- und Talfahrt) Erw. 16, Kinder 8 Euro | Tel. 05334 20 00 | www.alpinolino.at*

HEXENWASSER SÖLL (125 E3) (*ΩΩ N2*)
Von der Quelle bis zur Mündung erfahren Kleine und Große, wie Wasser quillt, sprudelt und Wellen schlägt. Im Hexenwald und am Hexenbach können sich Kinder in Hexen verwandeln und auf einem Besen reiten. Zum Rundparcours *(1,5 Std.)* auf dem Hochsöll kommen Sie mit der Gondel. *Ende Mai–Mitte Okt. tgl. 9–17.30 Uhr | Erw. 12,50, Kinder 6 Euro | www.hexenwasser.at*

MIT KINDERN UNTERWEGS

Auf Eseln reiten oder die Tiere der Alpen beobachten: In Tirol wird's Kindern nie langweilig

OSTTIROL

WICHTELPARK SILLIAN
(134 B5) (*O–P8*)
Rutschen, Schaukeln, Minigolfplatz und viele Möglichkeiten, im Wasser zu plantschen – das alles und dazu noch einen Hochseilgarten finden Sie in dem Erlebnispark am Ortsrand von Sillian. *Mai–Okt. 9–20 Uhr | Eintritt frei | www.wichtel.at*

WILDPARK ASSLING (135 D5) (*Q8*)
Hoch droben in Assling sehen Sie Dutzende Tierarten, die in den Alpen leben oder gelebt haben. Viele Tiere laufen frei herum. Am lustigsten sind die Murmeltiere gleich zu Beginn des Rundgangs. Die putzigen Nager, in freier Wildbahn sehr scheu, betteln hier um Futter *(Ende April–Okt. 9–19 Uhr | Erw. 7 Euro, Kinder 3,50 Euro)*. Mitten durch den Wildpark sausen Sie auf einer Sommerrodelbahn vorbei an grasenden Rehen. *Juli–Sept. tgl. 10–17 Uhr, April/Mai/Okt. nur Sa/So 10–17 Uhr | Erw. 4,80 Euro. Kinder 3,80 Euro | Unterassling 39 | Tel. 04855 2 04 74 | www.wildpark-assling.at*

AUSSERFERN

9ER ERLEBNISWEG TANNHEIM
(121 D3) (*C–D2*)
Mit der Gondelbahn in Tannheim geht es hinauf zur Bergstation Neunerköpfle. Schautafeln entlang eines 1 km langen Wegs auf den Gipfel erklären die Berge und ihre Tierwelt. *Gondel (Berg- und Talfahrt) Erw. 15 Euro, Kinder 9,50 Euro | Tel. 05675 6 22 00 | www.tannheimertal.com*

SOMMERRODELBAHN
(122 A4) (*F3*)
Großen Spaß verspricht die Abfahrt über die 1300 m lange Bahn in Biberwier. *Tgl. 9–16.30 Uhr | Juch 3 | Erw. 7,20 Euro, Kinder 4,80 Euro | www.bergbahnen-langes.at*

107

EVENTS, FESTE & MEHR

OFFIZIELLE FEIERTAGE

1. Jan. Neujahr; **6. Jan.** Dreikönig; **März/April** Ostermontag; **1. Mai** Tag der Arbeit; **Mai/Juni** Christi Himmelfahrt, Pfingstmontag, Fronleichnam; **15. Aug.** Mariä Himmelfahrt; **26. Okt.** Nationalfeiertag; **1. Nov.** Allerheiligen; **8. Dez.** Mariä Empfängnis; **25./26. Dez.** Weihnachten

FESTE & VERANSTALTUNGEN

JANUAR
Das ▶ ⭐ *Hahnenkammrennen* (www.hahnenkamm.com) in Kitzbühel ist ein Skirennenklassiker.
4. Jan.: ▶ *Vierschanzentournee* am Bergisel in Innsbruck.

FEBRUAR/MÄRZ
In der Fasnachtszeit wird der Winter ausgetrieben. Am berühmtesten ist der ▶ ⭐ *Imster Schemenlauf* (www.fasnacht.at), der Hexensabbat *(alle vier Jahre am Sonntag vor dem Faschingssonntag, nächster Termin: 2017)*.
Beim ▶ *Telfer Schleicherlaufen* (www.schleicherlaufen.at): *Alle fünf Jahre (nächster Termin: 2015)* führen die Schleicher mit ihrem prächtigen Kopfschmuck ihren Tanz vor.

Beim ▶ *Mullerlaufen*: *In Thaur bringen alle vier Jahre (nächster Termin: 2017)* Zotteler und Zaggeler mit einem Schlag auf die Schulter Fruchtbarkeit für das kommende Jahr.
Beim ▶ *Wampelerreiten* (www.wampelerreiten.com): *Alle vier Jahre (nächster Termin: 2015)* in Axams bringen die Reiter die Wampeler in ihren Frauenkleidern zu Fall.
Das ▶ *Funkenbrennen* in Pinswang im Außerfern zeigt in Tirol das Ende der Fasnacht an.
Am 12. März läuten Kinder mit Kuhglocken beim ▶ *Grasausläuten* im Unterinntal den Frühling herbei.

MAI/JUNI
Am 1. So im Mai wird mit viel Bier und Ranggeln (einem Ringkampf) der berühmteste Tiroler Kirchtag, das ▶ ⭐ *Gauderfest* (wwww.gauderfest.at) in Zell am Ziller, gefeiert.
Um den 21. Juni leuchten in ganz Tirol auf den Bergen ▶ *Sonnwend-, Johannes- oder Herz-Jesu-Feuer*.

ENDE JUNI–MITTE JULI
Moderne und klassische Tanzaufführungen beim ▶ *Tanzsommer Innsbruck* (www.tanzsommer.at).

Der Mix aus Moderne und Tradition bringt den Tirolern spannende Events zwischen Vierschanzentournee und Fasnachtsbräuchen

JULI

▶ *Ambraser Schlosskonzerte*
Zum ▶ INSIDERTIPP *Olala-Straßentheaterfest* *(www.olala.at)* nach Lienz kommen Gaukler und Artisten aus aller Welt. Mitte Juli: ▶ *Tiroler Festspiele Erl (www.tiroler-festspiele.at):* Oper, Konzert und Kammermusik.

ENDE JULI–ENDE AUGUST

Bei den ▶ *Tiroler Volksschauspielen Telfs* *(www.volksschauspiele.at)* werden große Stücke im besten Tiroler Volkstheater aufgeführt.
▶ *Innsbrucker Festwochen Alter Musik* *(www.altemusik.at)*
Beim ▶ *Festival der Träume* bezaubern in Innsbruck die besten Clowns der Welt. Freitag und Samstag wird auf der Festung gespielt: ▶ *Operettensommer in Kufstein (www.operettensommer.com)*

SEPTEMBER/OKTOBER

▶ *Sprachsalz (www.sprachsalz.com):* Tiroler Literaturtage in Hall

▶ *Klangspuren (www.klangspuren. at):* Festival zeitgenössischer Musik in Schwaz
▶ *Bergfilmfest (www.filmfest-stanton. at)* in Sankt Anton
▶ *FIS Skiweltcup Opening:* Um den Nationalfeiertag am 26. Okt. wird die alpine Skisaison in Sölden eröffnet.

NOVEMBER

1./2. Nov.: Beim ▶ *Krapfenschnappen* in Lienz machen Burschen mit Holzspielzeug Radau. Als Geschenk gibts Krapfen. Sonntag nach dem 6. Nov.: ▶ *Leonhardiritt* in Kundl

DEZEMBER

▶ ⭐ *Innsbrucker Christkindlmarkt:* einer der schönsten seiner Art der Alpen
5./6. Dez.: In vielen Orten treibt der ▶ *Krampus*, der böse Begleiter des hl. Nikolaus, sein Unwesen.
26. Dez.: ▶ *Stefani-Pferdeschlittenrennen* in Sankt Johann in Tirol
31. Dez.: ▶ *Innsbrucker Bergsilvester*

LINKS, BLOGS, APPS & MORE

LINKS

▶ tirol.orf.at/radio/tags/tourentipp Die Webseite des öffentlich-rechtlichen Fernsehens hat die besten Ausflugstipps

▶ www.geo-reisecommunity.de/reisen/tirol/uebersicht Gute Reisetipps und einige der schönsten Fotos aus Tirol

▶ short.travel/tir1 Leckere Rezepte für Sie zum Nachkochen, wenn Sie aus dem Urlaub wieder zu Hause sind

▶ www.tourenwelt.at Fast 300 Ski-, Rad- und Wandertouren aus Tirol mit allen wichtigen Infos und Fotos

▶ www.marcopolo.de/tirol Alles auf einen Blick zu Ihrem Reiseziel: Interaktive Karten inklusive Planungsfunktion, Impressionen aus der Community, aktuelle News und Angebote …

▶ www.almenrausch.at hat einige der besten Wander- und Tourentipps in Tirol, Südtirol und Bayern

BLOGS & FOREN

▶ short.travel/tir2 Hier stellt die Community alte Fotos von Innsbruck und Tirol online und diskutiert viel darüber

▶ alpen-wetter.blogspot.com Unterhaltsame Einblicke in das Tiroler Wetter, verfasst von einem Meteorologen

▶ mein-tirol-foto.at Haben Sie schöne Schnappschüsse von Ihrem Urlaub? Hier hochladen und am Fotowettbewerb teilnehmen

▶ www.schnee.at Der Obergurgl Blog. Launiges aus dem hintersten Winkel des Ötztals, mit vielen Fotos

▶ blogtirol.at Auch wenn die Verfasser bei der Tirol Werbung arbeiten: Ihr Blog ist unabhängig und informativ!

Egal, ob Sie sich vorbereiten auf Ihre Reise oder vor Ort sind: Mit diesen Adressen finden Sie noch mehr Informationen, Videos und Netzwerke, die Ihren Urlaub bereichern. Da manche Adressen extrem lang sind, führt Sie der kürzere short.travel-Code direkt auf die beschriebenen Websites

VIDEOS & STREAMS

▶ oetztalblog.com Nachrichten, Porträts, Fotos, Wander- und Radtipps aus dem Ötztal

▶ youtube.com/user/tirol Tolles Channel mit vielen Impressionen aus dem Land: jeder Menge Beiträgen zur lokalen Küche und einer Anleitung zum Selbermachen von Trachten - was will man mehr?

▶ short.travel/tir3 Der Titel des Videos spricht für sich und sagt alles: „A Magic Day in Tyrol"

▶ www.webcam-tirol.mobile-soft.at Eine Übersicht über Webcams aus verschiedenen Teilen des Landes

APPS

▶ Tirol Snow App Routeninfos, Pistenbedingungen, Schneeverhältnisse, Anfahrt ins Skigebiet, Events und viel Winterliches mehr bietet diese iPhone-App

▶ ivb-scout Die Abfahrtszeiten der öffentlichen Verkehrsbetriebe in Innsbruck in Echtzeit für Android und iPhone

▶ Tirolerisch für alle Sehr launiges Wörterbuch, mit der Sie das krachende Tirolerisch leicht erlernen können. Mit Sprachausgabe für das iPhone

▶ Tiroler Wirtshaus Wollen Sie wissen, wo sich das nächste Tiroler Wirtshaus mit Qualitätsgarantie befindet? Diese iPhone-App verrät es Ihnen

▶ Peak Finder Alps Mit dieser App für iPhone und Android können Sie die Gipfel, die Sie gerade sehen, namentlich anzeigen lassen

NETWORK

▶ www.couchsurfing.org Auf der Community Tyrol findet man immer ein freies Sofa und kann auch einmal Restkarten für das Hahnenkammrennen ergattern

▶ www.facebook.com/tirol Zentausende haben hier schon den *like-button* gedrückt. Informationen zu den neuesten Events, betrieben von der Tirol Werbung

▶ tirolchat.com Einloggen und mit Tirolern in Kontakt treten

Für den Inhalt der auf diesen Seiten genannten Adressen übernimmt der Verlag keine Verantwortung

PRAKTISCHE HINWEISE

ANREISE

Nach Tirol kommt man von Deutschland aus am schnellsten über die Autobahn von München nach Kufstein (A8 und A93). Weitere Einreisestrecken sind Achenpass, Mittenwald–Scharnitz oder Füssen–Außerfern. Nach Osttirol kommen Sie über Kufstein, Kitzbühel, Salzburg und durch den Felbertauerntunnel

Die Schnellzüge von München nach Innsbruck verkehren alle zwei Stunden, stündliche Verbindungen (mit Umsteigen) in Kufstein. Fahrtzeit ca. zwei Stunden. Von Innsbruck fährt alle zwei Stunden ein Zug nach Wien. Von Innsbruck nach Lienz führt die Strecke über Kitzbühel, dann mit dem Bus weiter. Es gibt auch Direktzüge am Tag *(www.oebb. at, www.db.de)*. Im Winter können Sie mit dem Schnee-Express von Deutschland nach Tirol fahren: entweder im Sitz- oder Liegewagen oder im Partywagen mit Musik *(www.schnee-express.com)*.

Viele Anbieter haben Busreisen nach Tirol im Programm. Buchen Sie zum Beispiel online unter *www.buswelt.de*. Für Bustouristen gibt es in Tirol ein eigenes Marketingkonzept, das sich speziell dieser Art des Reisens annimmt, mit eigenen Hotels und Programmen. *Infos unter www.bus.tirol.at*

Der *Flughafen Innsbruck (Fürstenweg 180 | Tel. 0512 22 52 50 | www. innsbruck-airport.com)* ist der einzige internationale Flughafen in Tirol.
Wenn Sie ins Außerfern wollen, können Sie den Allgäu Airport in Memmingen wählen. Vom und zum Flughafen München wird ein eigenes *Airport-Taxi* eingesetzt, von *Four Seasons Travel Reisen (Andreas-Hofer-Str. 9 | Innsbruck | Tel. 0512 58 41 57 | www.tirol-taxi.at)*.

GRÜN & FAIR REISEN

Auf Reisen können auch Sie mit einfachen Mitteln viel bewirken. Behalten Sie nicht nur die CO_2-Bilanz für Hin- und Rückflug im Hinterkopf *(www.atmosfair.de)*, sondern achten und schützen Sie auch nachhaltig Natur und Kultur im Reiseland *(www. gate-tourismus.de; www.zukunftreisen.de; www.ecotrans.de)*. Gerade als Tourist ist es wichtig, auf Aspekte zu achten wie Naturschutz *(www. nabu.de; www.wwf.de)*, regionale Produkte, Fahrradfahren (statt Autofahren), Wassersparen und vieles mehr. Wenn Sie mehr über ökologischen Tourismus erfahren wollen: europaweit *www.oete.de*; weltweit *www.germanwatch.org*

AUSKUNFT

TIROL INFO
Maria-Theresien-Str. 55 | 6010 Innsbruck | Tel. 0512 7 27 20 | www.tirol.at

OSTTIROL-WERBUNG
Albin-Egger-Str. 17 | 9900 Lienz | Tel. 050 21 22 12 | www.osttirol.com

AUTO

Die Benutzung der Autobahnen ist kostenpflichtig, die benötigte Vignette er-

Von Anreise bis Zoll

Urlaub von Anfang bis Ende: die wichtigsten Adressen und Informationen für Ihre Tirolreise

halten Sie an den Grenzübergängen. Sie muss vor der Auffahrt auf die Autobahn auf die Windschutzscheibe geklebt werden, nicht auf die Seitenscheibe – dann ist sie ungültig. Die Auto-Vignette kostet 7,90 Euro (Motorrad 4,50 Euro) für zehn Tage, 23 Euro (Motorrad 11,50 Euro) für zwei Monate, 76,50 Euro (Motorrad 30,50 Euro) für ein Jahr. Wenn Sie über die Brennerautobahn weiter nach Italien fahren wollen, kostet das 8 Euro pro Fahrt extra. Pannenhilfe: *ÖAMTC | Tel. 120; ARBÖ | Tel. 123; Euronotruf 112*

DIPLOMATISCHE VERTRETUNGEN

DEUTSCHE BOTSCHAFT
Metternichgasse 3 | 1030 Wien | Tel. 01 711 54 0 | www.wien.diplo.de

DEUTSCHES HONORARKONSULAT
Maria-Theresien-Str. 23 | 6020 Innsbruck | Tel. 0512 5 70 19 90

SCHWEIZER BOTSCHAFT
Kärntner Ring 12 | 1010 Wien | Tel. 01 7 95 05 | www.eda.admin.ch/wien

GELD

Bei Verlust oder Diebstahl können Sie Ihre Kreditkarte unter *Tel. 0049 116 116* sperren lassen.

GESUNDHEIT

In Tirol wird die Europäische Krankenversicherungskarte (EKVK, in Österreich e-card) akzeptiert. Sie gilt aber in den meisten Fällen nur für akute Krankheitsfälle und Verletzungen. Fragen Sie bei Ihrer Krankenkasse nach, welche Behandlung gedeckt ist. Ein Arzt kann verlangen, dass Sie die Behandlung bar bezahlen.

INTERNET

Die umfassendste Tourismusseite des Landes ist *www.tirol.at,* eine Linksammlung und Infos zu Tiroler Ferienorten bietet *www.tourismus-tirol.com*. Tickets und Fahrpläne unter *www.vvt.at,* Infos zu sportlichen Events: *www.sport.tirol.at*. (Winter-)Sportler informieren sich u. a. auf *www.berge-tirol.at, www.bergfex. at/tirol, www.bergfuehrer.at* (mit vielen Serviceangeboten) *www.tirolergletscher. com* (Portal der fünf Gletscher Tirols), *www.bergrettung-tirol.com, lawine.tirol. gv.at* (Lawinenlagebericht), *www.ski-tirol.eu* (Tiroler Skigebiete).
Wollen Sie sich über die Gastronomie vor Ort informieren oder Tiroler Rezepte nachkochen: www.kulinarium-tirol.at

MEDIEN

In den *Trafiken*, wie Kioske in Österreich genannt werden, sind deutsche, Schweizer und internationale Zeitungen erhältlich. In Tirol selbst ist die „Tiroler Tageszeitung" *(www.tt.com)* die lokale Informationsquelle. Alle Hotels haben Satelliten- oder Kabelanschluss für die gängigsten deutschsprachigen Programme. Nachrichten finden Sie auch auf *tirol. orf.at,* dem Tirol-Magazin des Österreichischen Rundfunks (ORF).

NOTRUFE

Feuerwehr: 122, Polizei: 133, Rettung: 144, Bergrettung: 140, Arztnotdienst: 141

ÖFFENTLICHE VERKEHRSMITTEL

Generell ist das öffentliche Verkehrsnetz in Tirol sehr gut ausgebaut, vor allem im Inntal zwischen Wörgl und Telfs haben Sie die Wahl zwischen Zug- oder Busverbindungen mit kurzen Intervallen. Je entlegener das Tal, desto seltener fahren die Busse. Die Hauptbetriebszeiten sind von 5.30 bis 24 Uhr. In den meisten Touristenorten gibt es im Winter gratis Skibusse. Auch von Innsbruck aus fahren Busse gratis in die Skigebiete.

Straßenbahnen und Busse der Innsbrucker Verkehrsbetriebe durchziehen die Landeshauptstadt mit einem dichten Netz, der Fahrplan ist online unter *www.ivb.at* abrufbar. Freitag und Samstag fahren ab Mitternacht im Stundentakt Nachtbusse, sogenannte Nightliner, in der Stadt und der Umgebung.

ÖFFNUNGSZEITEN

Lebensmittelgeschäfte haben prinzipiell Mo–Fr 8–18.30 Uhr geöffnet, teilweise auch bis 20 Uhr. Alle anderen Läden öffnen um 9 Uhr. Am Samstag schließen die Geschäfte um 17 Uhr. In entlegenen Gegenden machen manche Geschäfte zwischen 12 und 14 Uhr Mittagspause. Banken öffnen von 8 bis 16 Uhr. Die Hauptsaison dauert von Juni bis Sept. und Dez. bis Ostern. Dazwischen haben Hotels und Liftanlagen oft geschlossen, viele Museen sind montags zu.

POST

Die Postämter haben von 8 bis 18 Uhr geöffnet, mittags schließen sie meist zwischen 12 und 14 Uhr. Eine Standardsendung (bis 20 g) kostet EU-weit 70 Cent, weltweit 1,70 Euro.

WETTER IN INNSBRUCK

	Jan.	Feb.	März	April	Mai	Juni	Juli	Aug.	Sept.	Okt.	Nov.	Dez.
Tagestemperaturen in °C	1	4	11	16	20	24	25	24	21	15	8	2
Nachttemperaturen in °C	-6	-4	0	4	8	11	13	12	10	5	0	-4
Sonnenschein Stunden/Tag	3	4	5	6	6	6	7	7	6	5	3	2
Niederschlag Tage/Monat	9	8	7	9	11	14	14	13	10	8	8	8

PRAKTISCHE HINWEISE

REISENDE MIT HANDICAP

Mittlerweile gibt es so gut wie alles: eigene Wanderrouten, Unterkünfte von speziellen Hotels bis zum Bauernhof, Sportgeräte, Ausflüge und sogar Aktivitäten wie Fallschirmsprünge oder Paragleiten für Rollstuhlfahrer. Alle Informationen finden Sie auf *www.ohnehandicap.tirol.at*, diese wurden von Rollstuhlfahrern getestet.

TELEFON & HANDY

Öffentliche Telefonzellen sind fast verschwunden, weil Österreichs Handydichte hoch und die Netzabdeckung gut ist. Es gibt fünf Provider und einen unüberschaubaren Tarifdschungel. Ihr heimischer Anbieter kann Ihnen genau sagen, mit welchen Firmen er in Österreich kooperiert und wie Sie hohe Roamingkosten vermeiden.

Mit einer Prepaid-Karte aus Österreich entfallen die Gebühren für eingehende Anrufe. Immer günstig sind SMS. Hohe Kosten verursacht die Mailbox: noch im Heimatland abschalten! Bei Ferngesprächen entfällt die 0 der Ortsvorwahl. Vorwahl Deutschland: 0049, Schweiz: 0041, Österreich: 0043

TRINKGELD

Generell ist Trinkgeld kein Muss. Die Kellner leben jedoch zu einem großen Teil davon, fünf bis zehn Prozent sind angemessen.

UNTERKUNFT

Prinzipiell stehen alle Hotelkategorien zur Verfügung, nach wie vor dominiert der traditionelle Tiroler Stil über modernes Design. Sehr beliebt, weil besonders urig, ist die Übernachtung in Almhütten.

Urlaub auf dem Bauernhof wird zunehmend beliebter. Nicht nur im Sommer, auch im Winter gibt es in Tirol mehr als 100 Campingplätze in meist wunderschö-

WAS KOSTET WIE VIEL?

Kaffeepause	**6,50 Euro**
	für einen „Verlängerten" und ein Stück Kuchen
Bier	**3,50 Euro**
	für ein Großes (0,5 l)
Seilbahn	**10–12 Euro**
	Berg- und Talfahrt im Sommer
Mountainbike	**20 Euro**
	Tagesleihgebühr
Benzin	**1,40 Euro**
	für 1 l Superbenzin
Brettljause	**10 Euro**
	für Speck, Käse, Brot

ner Landschaft. Wildes Campen ist in ganz Österreich generell verboten. *Österreichischer Camping-Club ÖCC (Schubertring 1–3 | 1010 Wien | Tel. 01 713 6151 | www.campingclub.at)*

Mit einem internationalen Jugendherbergsausweis übernachten Sie günstig in Jugendherbergen in Innsbruck, Kirchberg, Kössen, Maurach und Umhausen/Niederthai. Infos: *www.oejhv.at*.

ZOLL

Innerhalb der EU dürfen Sie 800 Zigaretten, 400 Zigarillos, 200 Zigarren, 1 kg Tabak, 10 l Spirituosen, 20 l Likör, 90 l Wein und 110 l Bier einführen. Für Schweizer sind die Einfuhren beschränkt auf: 200 Zigaretten, 50 Zigarren, 250 g Tabak, 1 l Spirituosen, 2 l Wein oder Bier. Infos: *www.zoll.de | www.ezv.admin.ch*

EIGENE NOTIZEN

MARCO ✦ POLO

Unser Urlaub

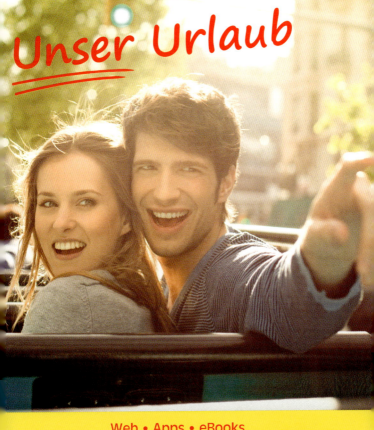

Web • Apps • eBooks

Die smarte Art zu reisen

Jetzt informieren unter:

www.marcopolo.de/digital

Individuelle Reiseplanung,
interaktive Karten, Insider-Tipps.
Immer, überall, aktuell.

REISEATLAS

Die grüne Linie ▬▬ zeichnet den Verlauf der Ausflüge & Touren nach
Die blaue Linie ▬▬ zeichnet den Verlauf der Perfekten Route nach

Der Gesamtverlauf aller Touren ist auch in der
herausnehmbaren Faltkarte eingetragen

118   Bild: Otto-Mayr-Hütte bei Reutte

Unterwegs in Tirol

Die Seiteneinteilung für den Reiseatlas finden Sie auf dem hinteren Umschlag dieses Reiseführers

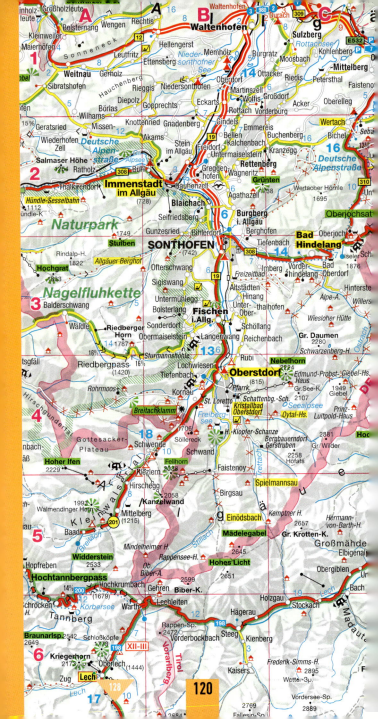

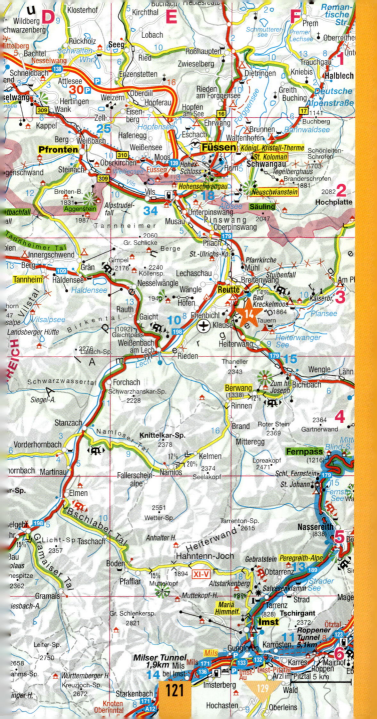

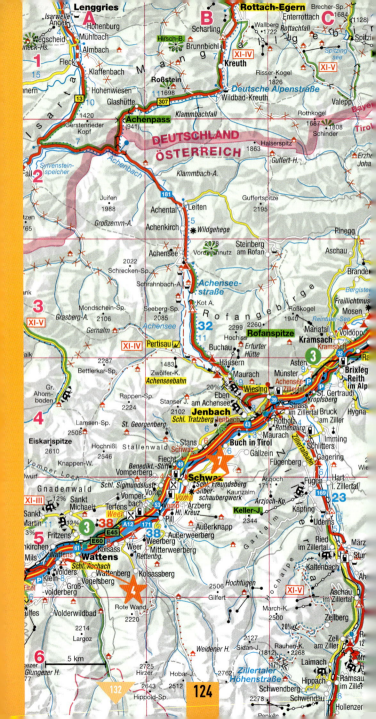

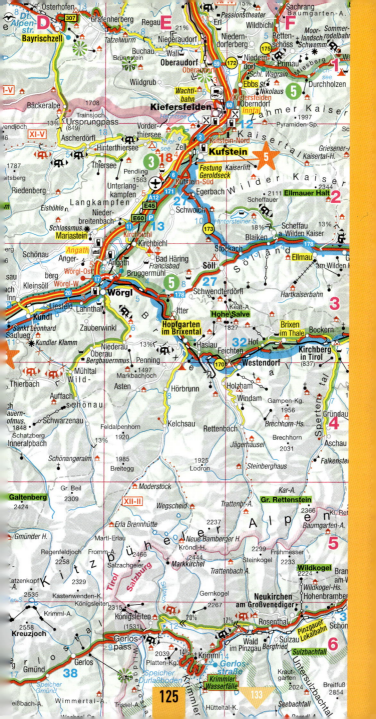

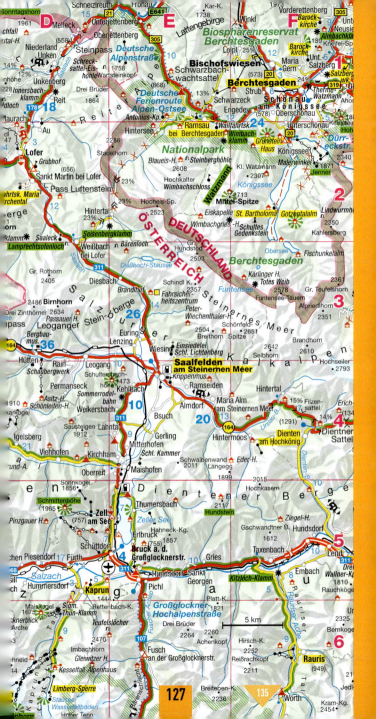

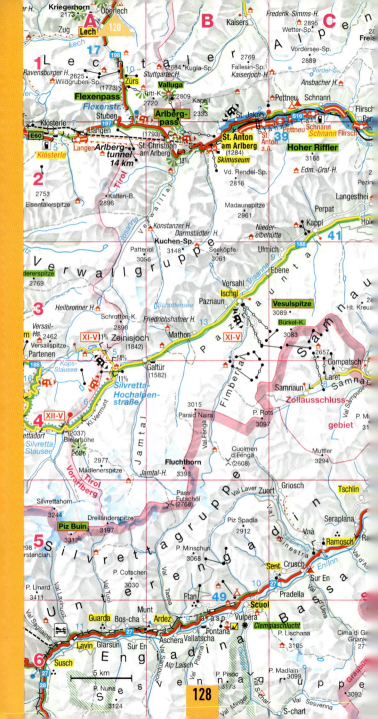

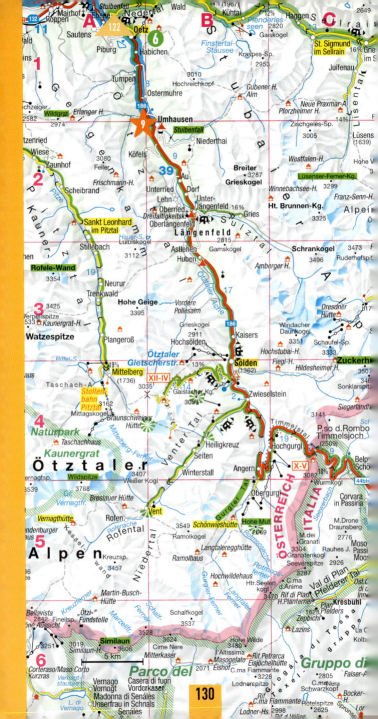

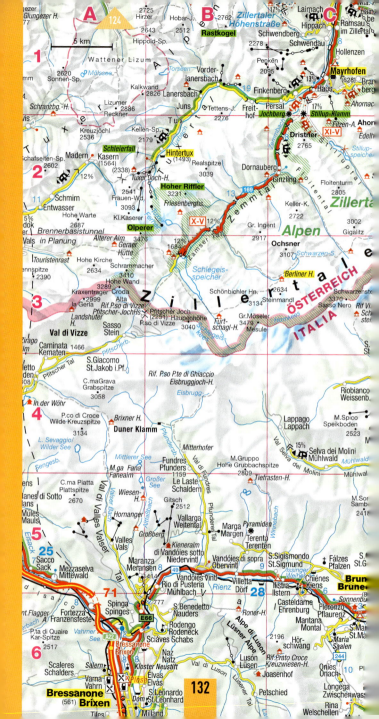

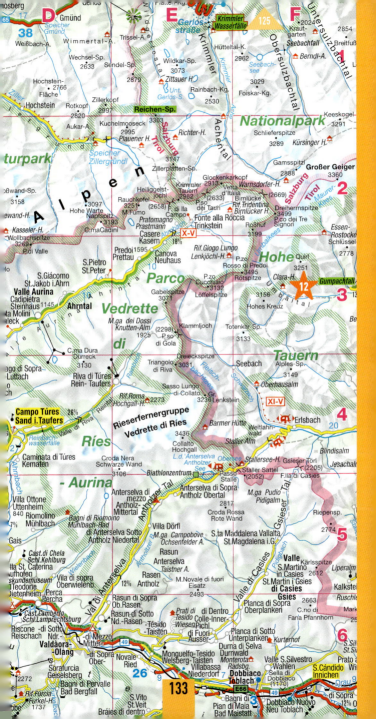

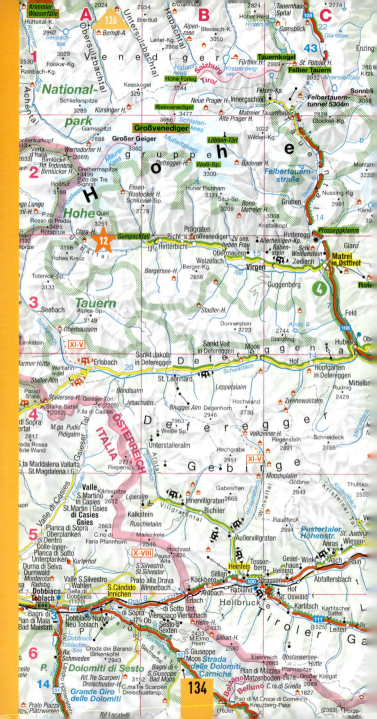

KARTENLEGENDE

Autobahn mit Anschlussstelle und Anschlussnummer		Motorway with junction and junction number
Autobahn in Bau mit voraussichtlichem Fertigstellungsdatum		Motorway under construction with expected date of opening
Rasthaus mit Übernachtung · Raststätte	Kassel	Hotel, motel · Restaurant
Kiosk · Tankstelle		Snackbar · Filling-station
Autohof · Parkplatz mit WC	P	Truckstop · Parking place with WC
Autobahn-Gebührenstelle		Toll station
Autobahnähnliche Schnellstraße		Dual carriageway with motorway characteristics
Fernverkehrsstraße		Trunk road
Verbindungsstraße		Main road
Nebenstraßen		Secondary roads
Fahrweg · Fußweg		Carriageway · Footpath
Gebührenpflichtige Straße		Toll road
Straße für Kraftfahrzeuge gesperrt		Road closed for motor vehicles
Straße für Wohnanhänger gesperrt		Road closed for caravans
Straße für Wohnanhänger nicht empfehlenswert		Road not recommended for caravans
Autofähre · Autozug-Terminal		Car ferry · Autorail station
Hauptbahn · Bahnhof · Tunnel		Main line railway · Station · Tunnel
Besonders sehenswertes kulturelles Objekt	Neuschwanstein	Cultural site of particular interest
Besonders sehenswertes landschaftliches Objekt	Breitachklamm	Landscape of particular interest
Ausflüge & Touren		Trips & Tours
Perfekte Route		Perfect route
MARCO POLO Highlight		MARCO POLO Highlight
Landschaftlich schöne Strecke		Route with beautiful scenery
Touristenstraße	Hanse-Route	Tourist route
Museumseisenbahn		Tourist train
Kirche, Kapelle · Kirchenruine Kloster · Klosterruine		Church, chapel · Church ruin Monastery · Monastery ruin
Schloss, Burg · Burgruine Turm · Funk-, Fernsehturm		Palace, castle · Castle ruin Tower · Radio or TV tower
Leuchtturm · Windmühle Denkmal · Soldatenfriedhof		Lighthouse · Windmill Monument · Military cemetery
Ruine, frühgeschichtliche Stätte · Höhle Hotel, Gasthaus, Berghütte · Heilbad		Archaeological excavation, ruins · Cave Hotel, inn, refuge · Spa
Campingplatz · Jugendherberge Schwimmbad, Erlebnisbad, Strandbad · Golfplatz		Camping site · Youth hostel Swimming pool, leisure pool, beach · Golf-course
Botanischer Garten, sehenswerter Park · Zoologischer Garten		Botanical gardens, interesting park · Zoological garden
Bedeutendes Bauwerk · Bedeutendes Areal		Important building · Important area
Verkehrsflughafen · Regionalflughafen		Airport · Regional airport
Flugplatz · Segelflugplatz		Airfield · Gliding site
Boots- und Jachthafen		Marina

FÜR IHRE NÄCHSTE REISE ...

ALLE **MARCO POLO** REISEFÜHRER

DEUTSCHLAND

Allgäu
Bayerischer Wald
Berlin
Bodensee
Chiemgau/
  Berchtesgadener
  Land
Dresden/
  Sächsische
  Schweiz
Düsseldorf
Eifel
Erzgebirge/
  Vogtland
Föhr/Amrum
Franken
Frankfurt
Hamburg
Harz
Heidelberg
Köln
Lausitz/
  Spreewald/
  Zittauer Gebirge
Leipzig
Lüneburger Heide/
  Wendland
Mecklenburgische
  Seenplatte
Mosel
München
Nordseeküste
  Schleswig-
  Holstein
Oberbayern
Ostfriesische Inseln
Ostfriesland/
  Nordseeküste
  Niedersachsen/
  Helgoland
Ostseeküste
  Mecklenburg-
  Vorpommern
Ostseeküste
  Schleswig-
  Holstein
Pfalz
Potsdam
Rheingau/
  Wiesbaden
Rügen/Hiddensee/
  Stralsund
Ruhrgebiet
Sauerland
Schwarzwald
Stuttgart
Sylt
Thüringen
Usedom
Weimar

ÖSTERREICH SCHWEIZ

Berner Oberland/
  Bern
Kärnten
Österreich
Salzburger Land
Schweiz

Steiermark
Tessin
Tirol
Wien
Zürich

FRANKREICH

Bretagne
Burgund
Côte d'Azur/
  Monaco
Elsass
Frankreich
Französische
  Atlantikküste
Korsika
Languedoc-
  Roussillon
Loire-Tal
Nizza/Antibes/
  Cannes/Monaco
Normandie
Paris
Provence

ITALIEN MALTA

Apulien
Dolomiten
Elba/Toskanischer
  Archipel
Emilia-Romagna
Florenz
Gardasee
Golf von Neapel
Ischia
Italien
Italienische Adria
Italien Nord
Italien Süd
Kalabrien
Ligurien/Cinque
  Terre
Mailand/
  Lombardei
Malta/Gozo
Oberital. Seen
Piemont/Turin
Rom
Sardinien
Sizilien/Liparische
  Inseln
Südtirol
Toskana
Umbrien
Venedig
Venetien/Friaul

SPANIEN PORTUGAL

Algarve
Andalusien
Barcelona
Baskenland/
  Bilbao
Costa Blanca
Costa Brava
Costa del Sol/
  Granada

Fuerteventura
Gran Canaria
Ibiza/Formentera
Jakobsweg/
  Spanien
La Gomera/
  El Hierro
Lanzarote
La Palma
Lissabon
Madeira
Madrid
Mallorca
Menorca
Portugal
Spanien
Teneriffa

NORDEUROPA

Bornholm
Dänemark
Finnland
Island
Kopenhagen
Norwegen
Oslo
Schweden
Stockholm
Südschweden

WESTEUROPA BENELUX

Amsterdam
Brüssel
Cornwall und
  Südengland
Dublin
Edinburgh
England
Flandern
Irland
Kanalinseln
London
Luxemburg
Niederlande
Niederländische
  Küste
Schottland

OSTEUROPA

Baltikum
Budapest
Danzig
Krakau
Masurische Seen
Moskau
Plattensee
Polen
Polnische
  Ostseeküste/
  Danzig
Prag
Slowakei
St. Petersburg
Tallinn
Tschechien
Ukraine
Ungarn
Warschau

SÜDOSTEUROPA

Bulgarien
Bulgarische
  Schwarzmeer-
  küste
Kroatische Küste/
  Dalmatien
Kroatische Küste/
  Istrien/Kvarner
Montenegro
Rumänien
Slowenien

GRIECHENLAND TÜRKEI ZYPERN

Athen
Chalkidiki/
  Thessaloniki
Griechenland
  Festland
Griechische Inseln/
  Ägäis
Istanbul
Korfu
Kos
Kreta
Peloponnes
Rhodos
Samos
Santorin
Türkei
Türkische Südküste
Türkische Westküste
Zákinthos/Itháki/
  Kefalloniá/Léfkas
Zypern

NORDAMERIKA

Alaska
Chicago und
  die Großen Seen
Florida
Hawai`i
Kalifornien
Kanada
Kanada Ost
Kanada West
Las Vegas
Los Angeles
New York
San Francisco
USA
USA Ost
USA Südstaaten/
  New Orleans
USA Südwest
USA West
Washington D.C.

MITTEL- UND SÜDAMERIKA

Argentinien
Brasilien
Chile
Costa Rica
Dominikanische
  Republik

Jamaika
Karibik/
  Große Antillen
Karibik/
  Kleine Antillen
Kuba
Mexiko
Peru/Bolivien
Venezuela
Yucatán

AFRIKA UND VORDERER ORIENT

Ägypten
Djerba/
  Südtunesien
Dubai
Israel
Jordanien
Kapstadt/
  Wine Lands/
  Garden Route
Kapverdische
  Inseln
Kenia
Marokko
Namibia
Rotes Meer/Sinai
Südafrika
Tansania/
  Sansibar
Tunesien
Vereinigte
  Arabische
  Emirate

ASIEN

Bali/Lombok/Gilis
Bangkok
China
Hongkong/Macau
Indien
Indien/Der Süden
Japan
Kambodscha
Ko Samui/
  Ko Phangan
Krabi/Ko Phi Phi/
  Ko Lanta
Malaysia
Nepal
Peking
Philippinen
Phuket
Shanghai
Singapur
Sri Lanka
Thailand
Tokio
Vietnam

INDISCHER OZEAN UND PAZIFIK

Australien
Malediven
Mauritius
Neuseeland
Seychellen

Viele MARCO POLO Reiseführer gibt es auch als eBook – und es kommen ständig neue dazu!
Checken Sie das aktuelle Angebot einfach auf: www.marcopolo.de/e-books

REGISTER

In diesem Register sind alle in diesem Führer erwähnten Orte, Bahnen, Täler, Ausflugsziele und wichtige Personen verzeichnet. Gefettete Seitenzahlen verweisen auf den Haupteintrag.

Abfaltersbach 80, 81
Achenkirch 58
Achensee 9, 17, **58**, 75
Achensee-Zahnradbahn 58
Adlerweg 103
Aguntum **77**, 78, 81, 98
Aigner Badl 80
Alpbach 58
Alpbachtal 19
Alpenpark Karwendel 60, **75**
Alpenzoo 36, **104**
Arlberg 62, 103
Arzl 64
Aschau 57
Assling 107
Auracher Löchl 52, 98
Außerfern 20, 29, 62, **86**, 91, 102, 108, 112
Axamer Lizum 103
Axams 108
Bergisel 12, 30, 34, 38, 96, 108
Berwang 86
Biberwier 107
Bichlbach 87
Bollywood 18
Brenner 14, 20, 45, 113
Brixen 51
Brixental 30, **51**, 98
Burg Berneck 68
Burg Laudeck 66
Burg Thierberg 6, 52
Burgenwelten Ehrenberg 91
Defereggental 84, 85
Dolomiten 11
Dölsach 81
Drau 77
Drautal 81
Ebbs **54**, 98
Egger-Lienz, Albin 6, 39, 78, 79, 98
Ehrwald 86
Elbigenalp 91
Erl 109
Europa-Panoramaweg 84
Ferdinandeum **39**
Fernpass 71, 86, 90, 91
Festung Kufstein 7, **52**, 98, 109
Finkenberg 56
Fiss 65, 66, 67, 72
Fließ 65, 71
Fohlenhof Ebbs 54
Fügen 56
Fulpmes **43**, 45
Füssen 92, 103
Gaislachkogel 71
Galitzenklamm **80**, 84
Galtür 68, 104
Geierwally 68, 91, 92
Gepatschferner 68
Ginzling 56
Glungezer 96
Glungezerbahn 97
Gnadenwald 47
Goldenes Dachl 30, 33, **36**, 39
Grenzfeste Altfinstermünz 94
Großglockner 7, 11, 82, 84, 85
Großvenediger 82
Hafelekar 37
Hahnenkamm 90, 108, 111
Haldensee 93
Hall 11, 30, 32, **45**, 47, 109
Hechenberg 17
Hechtsee 52
Heiterwanger See 92
Hinteralpbach 58
Hinterbichl 85
Hinterer Brunnenkogel 65

Hinterhornalm 47
Hintertux 56
Hintertuxer Gletscher 56
Hippach 57
Hochfügen 26, 103
Hochpustertal **76**, 103
Hochsöll 106
Hochzillertal 57
Hofburg **36**, 39
Hofer, Andreas 7, 14, 34, 36, 38, 43, 60
Hofkirche **36**, 39
Holzgau **91**, 93
Hopfgarten 51, 52, 98, 100
Huben 98
Hungerburg 36, 37, 101
Hungerburgbahn 12, 36, 37, 105
Idalpe 67
Igls **43**, 96
Imst 20, **62**, 71, 101, 103, 106, 108
Inn 71, 72, 94, 99
Innergschlöß 82
Innsbruck 9, 12, 16, 19, 20, 23, 27, 28, 30, 32, **33**, 34, 36, 37, 38, 40, 43, 74, 96, 97, 99, 101, 102, 108, 109, 112, 114, 115
Inntal 6, 14, 20, 30, 31, 62, 65, 73, 97, 114
Inntalradweg 100
Ischgl 27, **67**, 68, 103
Isel 77
Iseltal 97
Jenbach 58
Jerzens 64
Kaisergebirge 6, 11
Kaisertal 54
Kaiserwinkl 98
Kals 84, **85**
Kaltenbach 57
Karwendel 11, 74, 97, 102
Kaunertal 65, **68**
Kelchalm 51
Kematen 99
Kirchberg 27, 51, 98, 115
Kitzbühel 8, 11, 12, 30, **48**, 98, 108, 112
Kitzbüheler Horn 30, 48
Kitzbühler Alpen 52, 55
Kössen 98, 103, 115
Kössener Ache 53
Kramsach 28, **59**
Kristallwelten Swarovski 8, 28, 30, **47**, 97
Kufstein 6, 14, 19, 20, 28, 30, 48, **52**, 97, 98, 109, 112
Kühtai 99, 103
Kundl 109
Ladis 66
Landeck 31, **65**, 67, 71, 94
Längenfeld 70
Lans 43
Lavant 81
Lechtal 6, 20, 86, **90**, 92
Lechtaler Alpen 11
Lechweg **92**, 103
Lermoos 89
Leutasch 103, 106
Leutascher Geisterklamm 6, 31, **75**
Lienz 6, 13, **76**, 79, 81, 84, 97, 98, 100, 109, 112
Lochputzklamm 106
Maria Waldrast 45
Mariastein 55
Matrei in Osttirol **82**, 84, 98
Maurach 115
Maximilian I. 14, 32, 36, 40, 68, 78

Mayrhofen 8, **55**, 56, 57, 58, 100
Melach 99
Mieders 106
Mieming 16
Mieminger Plateau 103
Mösern 31, 75
Muttereralm 105
Mutters 105
Nationalpark Hohe Tauern 82, 83
Natterer See 43
Natters 43
Naturdenkmal Alter See 82
Naturpark Kaunergrat 65
Nauders 95
Neunerspitze 97
Neustift 43, 44
Niederthai 115
Nordkette 20, 30, 32, 36, 37
Oberes Gericht **65**, 94
Oberhauser Zirbenwald 85
Obermauern 85
Obernberg 45
Obernberger See 45
Oberstaller Alm 9, 82
Oetz 69, 70, 99
Ötzi 21, 23, 69, 70
Ötzi-Dorf 7, **70**, 99
Ötztal 31, **69**, 71, 99, 102, 110
Ötztaler Alpen 11, 23, 65, 69
Patscherkofel 32, 43, 96, 97
Patscherkofelbahn 97
Paznauntal 20
Penken 103
Pfunds 94
Pfurtschellhöfe 44
Piburger See 70
Pinswang 108
Pitztal 64
Plansee 92
Pontlatzbrücke 94
Prägraten 85, 104
Pustertal **76**, 84
Pustertaler Höhenstraße 81
Rattenberg 7, 28, 30, **59**, 97
Reith im Alpbachtal 55
Reschenpass 67, 94, 96
Rettenbachferner 71
Rettenschöss 98
Reutte 17, 20, 31, 71, 90, 92
Ried 57
Rinnen 86
Rofenhöfe 71
Rosengartenschlucht 63
Rosshütte 103
Rum 17
Sankt Anton **69**
Scharnitz 75
Schlegeis 56
Schlick 44
Schloss Ambras 6, **36**, 96, 109
Schloss Anras 82
Schloss Bruck 78, 84, 98
Schloss Fernstein 90
Schloss Landeck 18, **65**, 94
Schloss Naudersberg 96
Schloss Tratzberg 61
Schönberg 43
Schwarzsee 52
Schwaz 7, 11, 13, 30, 48, **59**, 102, 109
Schwemm 98
Schwendt 98
Seebensee 89
Seefeld 8, 30, **74**, 75, 103
Seegrube **37**, 103
Sellrain 99
Sellraintal 99

IMPRESSUM

Serfaus 27, 65, 66, 103, 106
Serfaus-Fiss-Ladis **66**, 67
Serles 43
Sillian 76, 100, 107
Silvretta-Hochalpenstraße 68
Silvrettasee 7, 68
Sölden 17, 69, **71**, 109
Söll 102
St. Anton 13, 31, 102, 109
St. Georgenberg 61
St. Jakob 85
St. Jakob in Haus 20
St. Johann im Walde 98
St. Johann in Tirol 98, 109
St. Leonhard 64
Stans 61
Stanz 67
Stift Stams 31, **73**, 99
Stift Wilten **38**, 96
Strass 57
Streif 57
Stubaier Alpen 11, 32, 43, 97
Stubaier Höhenweg 44

Stubaital 9, 19, 20, 32, **43**, 103
Stuibenfall 31, 70, 102
Stumm im Zillertal 16
Swarovski 13, 28
Tannheim 107
Tannheimer Tal 86, **93**, 102
Telfs 108, 109, 114
Thaur 108
Tiefenbachferner 71
Tirol Panorama 38
Tristacher See **82**, 84
Tulfein-Alm 97
Tulfes 47, 97
Tux 56
Tuxertal 56
Uderns 17
Umbalfälle 85
Umhausen 115
Urisee 17
Via Claudia Augusta 71
Viggarspitze 97
VillgratenTal 82
Vilsalpsee 93

Virgental 84, 85
Walchsee 98
Wattens 19, 28, 47
Wenns 64
Westendorf 16, 51, 98, 103, 106
Wilder Kaiser 52
Wildschönau 16, **55**
Wildspitze 69
Wipptal 14, 20, 45, 100
Wolfsklamm 61
Wörgl 9, 30, 52, 55, 98, 114
Zams 106
Zell am Ziller 108
Zellberg 57
Ziller (Fluss) 57
Zillertal 12, 25, 48, **55**, 100, 103
Zillertaler Höhenstraße 57
Zillertalradweg 57
Zirler Berg 30
Zugspitzarena 20, **86**, 89
Zugspitze 31, 86, **88**

SCHREIBEN SIE UNS!

Egal, was Ihnen Tolles im Urlaub begegnet oder Ihnen auf der Seele brennt, lassen Sie es uns wissen! Ob Lob, Kritik oder Ihr ganz persönlicher Tipp – die MARCO POLO Redaktion freut sich auf Ihre Infos.
Wir setzen alles dran, Ihnen möglichst aktuelle Informationen mit auf die Reise zu geben. Dennoch schleichen sich manchmal Fehler ein – trotz gründlicher Recherche unserer Autoren/innen. Sie haben sicherlich Verständnis, dass der Verlag dafür keine Haftung übernehmen kann.

MARCO POLO Redaktion
MAIRDUMONT
Postfach 31 51
73751 Ostfildern
info@marcopolo.de

IMPRESSUM
Titelbild: Leutasch, Pfarrkirche, Hohe Munde (mauritius images: Mallaun); Fotos: Die Tafeldecker Gastronomie GmbH (16 M.); DuMont Bildarchiv: Bernhart (3 o., 30 r., 37, 53, 62/63, 70, 78, 90, 99, 102, 108/109), Spitta (15, 58, 73, 74, 80, 109); Huber: Bernhart (104/105), Giovanni Simeone (42), Gräfenhain (45, 50, 56), Kolley (18/19), Leimer (3 M., 76/77), Schmid (2 M. u., 2 u., 10/11, 32/33, 38/39, 48/49, 86/87), Stanciu (12/13); G. Jung (26 l., 28, 29, 92/93, 100/101, 118/119); Klumperverein Tulfes: Wolfram Klaushofer (16 u.); Laif/Aurora: Georgi (9); Laif/hemis.fr: Rieger (30 l., 61); Look: Limberger (69), Strauss (64); mauritius images/imagebroker: FB-Fischer (2 M. o., 6), Siepmann (Klappe r., 96/97), Zwerger-Schoner (34); mauritius images: Alamy (46), Juice Images (3 u.), Mallaun (1 o., 22), Pinn (5), Weinhäupl (85); MPREIS Warenvertriebs GmbH: simonrainer.com (17 u.); L. Niesner (1 u.); T. Stankiewicz (2 o., 4, 7, 8, 21, 24/25, 26 r., 54, 66, 83, 88, 94/95, 107, 108, 110 o., 110 u., 111); Tauchen in Tirol: Dieter Kuchling (17 o.); vario images: imagebroker (41), McPHOTO (Klappe l.); E. Wrba (27, 28/29, 59); z o t t e r Schokoladen Manufaktur GmbH (16 o.)
10., aktualisierte Auflage 2014
© MAIRDUMONT GmbH & Co. KG, Ostfildern
Chefredaktion: Marion Zorn
Autor: Andreas Lexer; Redaktion: Ann-Katrin Kutzner; Verlagsredaktion: Ann-Katrin Kutzner, Nikolai Michaelis
Prozessmanagement Redaktion: Verena Weinkauf; Bildredaktion: Gabriele Forst; Im Trend: wunder media, München
Innengestaltung: milchhof: atelier, Berlin; Titel, S. 1, Titel Faltkarte: factor product münchen
Kartografie Reiseatlas und Faltkarte: © MAIRDUMONT, Ostfildern
Das Werk einschließlich aller seiner Teile ist urheberrechtlich geschützt. Jede urheberrechtsrelevante Verwertung ist ohne Zustimmung des Verlags unzulässig und strafbar. Das gilt insbesondere für Vervielfältigungen, Übersetzungen, Nachahmungen, Mikroverfilmungen und die Einspeicherung und Verarbeitung in elektronischen Systemen. Printed in China.

BLOSS NICHT

Worauf Sie bei Ihrem Tirolbesuch achten sollten

DIE GEBIRGSTAUGLICHKEIT ÜBERSCHÄTZEN

Die häufigste Todesursache im Gebirge ist nicht der Absturz beim Klettern, sondern der Herzinfarkt beim Wandern. Viel zu oft überschätzen sich Wanderer, jagen solchen „Auszeichnungen" wie Wandernadeln und Gipfelbüchern hinterher und übernehmen sich dabei. Ungeübte sollten deshalb ihre Route so planen, dass immer ein Einkehren möglich ist. Mindestens einmal jede Stunde empfiehlt sich eine Pause, und für den Anfang sollten Sie sich bei der Streckenwahl auf einfache Routen beschränken. Daneben kommt es auch auf die richtige Ausrüstung an: Turnschuhe sind für Wanderungen nicht geeignet! Knöchelhohe Schuhe sollten es sein, die dem Fuß guten Halt geben. Und denken Sie immer an passende Kleidung – das Wetter in den Bergen kann sehr schnell umschlagen.

DIE GESICHERTE PISTE VERLASSEN

Keine Frage: Einen jungfräulichen Tiefschneehang zu bezwingen ist für Skifahrer und Snowboarder gleichermaßen ein Vergnügen. Trotzdem werden Pistenbegrenzungen nicht zum Spaß aufgestellt. Manchmal wird auf kleinsten Hängen eine Lawine ausgelöst – und der kann man nicht davonfahren. Jedes Jahr kommen Dutzende Menschen in Tirol durch Leichtsinnigkeit unter Lawinen ums Leben. Sollten Sie eine Skitour planen, erkundigen Sie sich beim Lawinenwarndienst nach der Lawinengefahr: *lawine.tirol.gv.at*

GESCHÜTZTE PFLANZEN PFLÜCKEN

Die einmalige Geografie Tirols bedingt auch eine einmalige Pflanzenwelt. Deshalb sind die Tiroler sehr erpicht darauf, diese Flora zu schützen und zu erhalten. Aus diesem Grund sollten Sie auf Ihren Wanderungen und Ausflügen keinesfalls Edelweiß, Enzian oder Alpenrosen pflücken. Bis Sie vom Berg abgestiegen sind, sind die Pflanzen ohnehin verwelkt. Informieren Sie sich im Tourismusbüro, welche Gewächse unter Naturschutz stehen! Auch Pilzesammeln sollten Sie mit Maß betreiben: Nur zwischen 7 und 19 Uhr darf man maximal 2 kg Pilze pro Person pflücken!

MIT SOMMERREIFEN UNTERWEGS SEIN

Der erste Schnee fällt in den Bergen manchmal früher, manchmal später im Jahr und bleibt dabei oft nicht einmal liegen. Trotzdem zieht jeder Tiroler an seinem Auto spätestens Anfang Oktober die Winterreifen auf. Vor allem auf höher gelegenen Straßen können Sie ab dann nämlich sehr leicht von einer schneebedeckten Fahrbahn überrascht werden, oft sogar schon im September. Im Winter sollten Sie nicht nur Schneeketten im Auto dabeihaben, sondern auch wissen, wie man sie anlegt, da viele Zufahrten zu den Skigebieten oft eine Winterausrüstung erfordern. Vor Anfang April wechselt in Tirol niemand die Winter- gegen die Sommerreifen. Seit 2008 sind Winterreifen in ganz Österreich Pflicht.